全国中小学教师信息技术应用能力提升研修指南

学科教学与信息技术应用

（理科）

XUEKE JIAOXUE YU XINXI JISHU YINGYONG

主　编　赵　鹏
编　者　赵　晶　张　晶　王玉帅　徐天瑜

东北师范大学出版社

长　春

图书在版编目（CIP）数据

学科教学与信息技术应用. 理科/赵鹏主编. —长春：东北师范大学出版社，2015.1
ISBN 978-7-5602-8866-6

Ⅰ. ①学… Ⅱ. ①赵… Ⅲ. ①理科（教育）—计算机辅助教学—中小学 Ⅳ. ①G434

中国版本图书馆 CIP 数据核字（2015）第 024663 号

□责任编辑：王宏志 □封面设计：张 然
□责任校对：孔垂杨 □责任印制：刘兆辉

东北师范大学出版社出版发行
长春净月经济开发区金宝街 118 号（邮政编码：130117）
电话：0431—84568021
网址：http://www.nenup.com
东北师范大学出版社激光照排中心制版
临沂圣贤印刷有限公司印装

2015 年 1 月第 1 版　2019 年 5 月第 1 版第 2 次印刷
幅面尺寸：185 mm×260 mm　印张：6.25　字数：140 千

定价：15.00 元

前　言

教师队伍建设是教育信息化可持续发展的基本保障，信息技术应用能力是信息化社会教师必备的专业能力。为贯彻落实国家教育信息化的总体要求，全面提升教师信息技术应用能力，教育部决定从 2014 年开始实施全国中小学教师信息技术应用能力提升工程，并颁布《中小学教师信息技术能力标准（试行）》（以下简称《标准》）、《中小学教师信息技术应用能力培训课程标准（试行）》（以下简称《课程标准》）和《中小学教师信息技术应用能力测评指南》。《课程标准》综合考虑了我国中小学校教育信息化环境和教师信息技术应用能力水平的差异，旨在满足不同学科（领域）、不同起点教师的能力提升需求，推行菜单式、自主性、开放式的教师培训选学机制，确保按需施训。

本书严格按照《课程标准》的相关要求，旨在为中小学教师信息技术应用能力的提升提供相关的指导。本书在编写过程中，充分运用教学系统设计的思想，以课堂教学开展的具体过程为主线展开，从技术支持的课堂导入开始，依次是技术支持的课堂讲授、技术支持的学生技能训练与指导、技术支持的总结与复习、技术支持的教学评价。

本书在体例设计上力求创新、求实与统一，每个专题中都包括"学习目标"、"关键术语"、"内容导图"、"情境导入"、"活动"这五个要素。学习目标简要说明本专题的大概内容；关键术语可以作为学习者自学时的索引；内容导图让学习者无论是自学还是复习都能更迅速地把握本专题的核心内容。每个活动中都包括"理论导学"、"案例片段解析"、"小组讨论"、"实践活动"这四个环节。理论导学与案例片段解析一一对应，理论结合实践，升华学习者对理论知识的理解，同时利用"提示"将重点信息进行突出与强调；小组讨论和实践活动让学习者更容易开展自主学习与合作学习，在交互和反思中进一步固化和提升所学习的理论知识。本书在最后提供了五个不同学科的经典案例，不仅可以作为学习材料，也可以作为教学参考资料。

本书由东北师范大学赵鹏主编并统稿，其中，专题一由赵鹏编写，专题二、专题三由王玉帅编写，专题四由徐天瑜编写，专题五由赵晶编写，经典案例由张晶编写。

本书在编写过程中，参考和引用了国内外文献资料，收集了大量中学数学、物理、化学、生物等学科的教学案例，在此向这些成果的作者表示衷心的感谢。

由于时间较紧、能力有限，书中难免存在一些问题和不足，恳请各位同仁和读者提出批评和建议。

目 录

专题一 技术支持的课堂导入 ·· 1
  活动一 了解课堂导入的概念及其重要性 ·· 2
    一、导入的概念 ·· 2
    二、导入的重要性 ·· 2
    三、导入的作用 ·· 2
  活动二 技术支持的课堂导入的原则及作用 ·· 4
    一、技术支持的课堂导入的原则、结构及方式 ································· 4
    二、技术支持的课堂导入在理科教学中的作用 ································· 9
  活动三 技术支持的课堂导入策略与应用 ·· 10
    一、技术支持的课堂导入在理科教学实施中的策略 ······················· 10
    二、技术支持的课堂导入在理科教学中的应用优势 ······················· 12

专题二 技术支持的课堂讲授 ·· 15
  活动一 了解课堂讲授的概念与作用 ··· 16
    一、讲授的概念 ·· 16
    二、讲授的地位 ·· 16
    三、讲授的重要性 ·· 16
  活动二 技术支持的课堂讲授的特点及作用 ·· 18
    一、常见的数字教育资源及教学工具在理科课堂讲授中的特点 ······· 18
    二、数字教育资源及学科教学工具在理科课堂讲授中的作用 ········· 22
  活动三 技术支持的课堂讲授的策略与应用方法 ·································· 24
    一、技术支持的课堂讲授在理科教学中的策略 ································· 24
    二、技术支持的课堂讲授在理科教学中的应用方法 ······················· 27

专题三 技术支持的学生技能训练与指导 ··· 31
  活动一 技术支持对培养学生技能的作用 ·· 32
    一、理科教学中学生技能训练的认识 ·· 32
    二、运用数字资源支持理科教学中理性思维技能训练 ······················· 33
    三、运用数字资源支持学生的探究性学习能力的训练 ······················· 33
    四、利用数字资源探索新知,培养学生主动获取新知识的技能 ········· 34

活动二　技术支持对培养学生技能的策略 …………………………… 35
　　　一、PowerPoint 课件在技能训练课程中的使用策略 ………………… 35
　　　二、音、视频的使用策略 ………………………………………………… 36
　　　三、微视频的使用策略 …………………………………………………… 37
　　　四、电子白板的使用策略 ………………………………………………… 37
　　　五、教育游戏的使用策略 ………………………………………………… 39

专题四　技术支持的总结和复习 …………………………………………… 42
　　活动一　了解总结与复习的概念和作用 …………………………………… 43
　　　一、总结与复习的涵义 …………………………………………………… 43
　　　二、总结与复习的作用与地位 …………………………………………… 44
　　活动二　技术支持的总结与复习的作用和策略 …………………………… 46
　　　一、数字教育资源及学科教学工具在理科总结与复习中的作用 ……… 46
　　　二、数字教育资源及学科教学工具在理科总结与复习中的应用策略 … 48

专题五　技术支持的教学评价 ……………………………………………… 56
　　活动一　认识教学评价 ……………………………………………………… 57
　　　一、教学评价的涵义与分类 ……………………………………………… 57
　　　二、评价工具支撑下的理科教学评价角度 ……………………………… 59
　　活动二　了解理科教学评价工具的应用策略 ……………………………… 63
　　　一、电子档案袋在理科教学评价中的应用 ……………………………… 63
　　　二、概念图在理科教学评价中的应用 …………………………………… 65
　　　三、教学观察法在理科教学评价中的应用 ……………………………… 67
　　　四、信息化教育测试在理科教学评价中的应用 ………………………… 68

经典案例 ……………………………………………………………………… 71
　　案例一　《分式》教学设计 ………………………………………………… 71
　　案例二　《地毯上的图形面积》教学设计 ………………………………… 75
　　案例三　《生物圈》教学设计 ……………………………………………… 80
　　案例四　《开启化学之门》教学设计 ……………………………………… 85
　　案例五　《力的认识》教学设计 …………………………………………… 89

参考文献 ……………………………………………………………………… 92

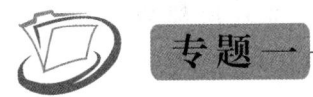

技术支持的课堂导入

学习目标

在本专题的学习中,您要努力达到如下目标:
1. 使用合理的技术工具加工、整合、开发数字化资源(《标准》C7);
2. 能够在不同的设备和软件工具之间流畅地转换和衔接(《标准》C8);
3. 具有信息道德与信息安全意识,并能以身示范(《标准》C9);
4. 选择、改编或开发有助于突破教学重、难点的数字化资源(《标准》C12);
5. 利用技术手段创设启发式学习情境,促进学生互动、探究与深入思考(《标准》C13)。

课堂导入　多媒体技术　学科教学工具

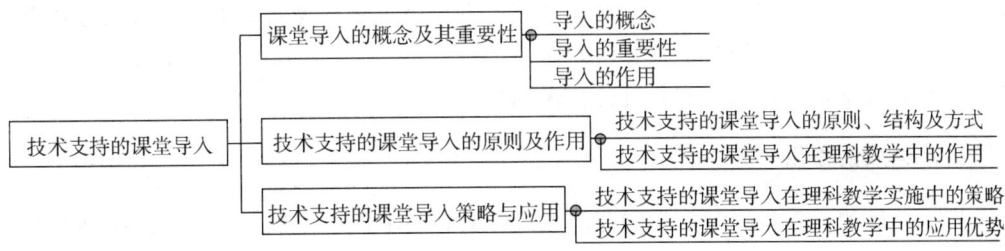

课堂导入是实施课堂教学的第一个环节,是教师采用简洁明快的语言或多媒体辅助技术拉开课堂活动的序幕,随之进入课堂教学主体的过程。好的课堂导入能把学生的思维迅速聚拢起来,提高整个智力活动的积极性。如果在课堂导入这一环节就能吸引学生的注意力、调动学生的学习热情、提高学生的学习兴趣,便获得了课堂教学成功的一半。那么,怎样利用多媒体技术手段优化课堂导入环节呢?通过本专题课程的学习,教师应掌握利用各类技术资源以支持多样的导入方式,提高课堂导入的效率与效果。

活动一 了解课堂导入的概念及其重要性

理论导学

一、导入的概念

"导入"又称"导课"、"开讲"或"开场白"。从教育学的意义上来理解,"导"就是引导,是教师的行为;"入"就是进入学习,是学生的行为。导入是课堂上正式教学的启动,它是指课堂教学开始之时,教师有意识、有目的地引导学生进入新的学习状态的教学组织行为,是教师和学生在此过程中所有教与学活动的统称。

学生能否在上课开始很快进入角色,完全取决于教师的引导效果。有效的引导要求教师在最短的时间内(一般控制在3~5分钟)根据教学内容采用合适的手段,促进学生在情感、认知、信息等方面作好准备,以便主动参与课堂教学活动。

二、导入的重要性

教育学家赫尔巴特说过:教育应贯穿于学生的兴趣之中。物理学家牛顿从小就对自然现象特别有兴趣,他根据苹果落地现象揭示了"万有引力"定律。世界上许多科学家的伟大发明都与兴趣有关。教育学家说:导入是教师在一项新的教学内容和活动开始前,引导学生进入学习的行为方式。引导的过程就是为新内容的呈现搭桥、铺路的过程,是引发学生学习兴趣、诱发求知欲望、启发积极思维、为新知识的学习做好知识准备和心理准备的过程。俗话说"好的开始是成功的一半",有效的课堂导入确实能在某种程度上决定整堂课是否能顺利进行。

三、导入的作用

科学合理的导入是一节精彩的课的亮点,会在整节课中发挥重要的作用,甚至会影响整节课的教学质量。那么,一个新颖的教学导入会发挥怎样的教学作用呢?

(一)激发兴趣,产生学习动机

课堂导入是课堂教学的第一个环节,旨在引趣及引发求知欲。学习兴趣是学习活动中最直接、最活跃的意向心理因素,对维系注意力、增强理解与记忆、激发联想和创造思维、唤起情感体验都具有积极作用。这就要求教师要充分了解并把握学生的心理特点,拓宽教学思路,带动学生变被动学习为主动学习,把"要我学"转化为"我要学",从而提高课堂效益。

(二)引起注意,迅速集中思维

课间活动是孩子们的最爱,所以铃声响起时有很多孩子并没有准备好上课,甚至上课开始几分钟后还处于放松状态,注意力并没有回到课堂上,如果直接讲授新课,学生接受新知识的效果必然不理想，此时就需要发挥课堂导入的作用。教师运用能使学生感兴趣的课堂导入控制全场，吸引学生的注意力，让他们的兴奋点转到课堂内容上，使他们全身心地投入到学习中。注意力越集中，学习的知识记忆得越深刻，久而久之便能使学生养成良好的学习习惯，形成良好的课堂纪律。

（三）铺设桥梁，衔接新知与旧知

课堂导入的另一个作用是激活学生已有的相关背景知识，促进其总结和归纳已有的知识，建立新旧知识之间的联系，这样可以降低新知识的难度，让学生更容易接受，使学生习得的知识更加系统化。因此，教师在此环节找准新旧知识的联结点并挖掘新旧知识的相互联系是相当重要的，可以达到"温故知新"的教学效果。

（四）揭示课题，体现教学意图

导入是整个教学过程中的一个有机组成部分，它能有效地把学生的思维引入正轨，使学生明确新知识和新技能的学习目标、主要内容、教学活动的方向和方式，使学生对新课题学习的重要性和必要性有所领悟，从而产生对学习的期待。

（五）沟通感情，创设学习情境

每节课的开始都是一个全新内容的展现，教学导入是在师生之间搭建起一座桥梁。在教学的起始阶段，一个和谐的情境、一个用语言营造优美的意境，无疑会大大提高课堂教学的效率。一个和谐、活泼、愉悦、热烈的气氛，可以使师生之间的情感得到交流，加强师生间的沟通，让师生共同融入到课堂中，从而激发学生的学习欲望，使教学内容深深地触及学生的心灵深处，促使学生探求新知。

（六）给予享受，陶冶学生情操

优秀的导入设计，是知识性、思想性、艺术性的完美结合，其美学价值不容忽视。教师用优美的语言营造情境，再现形象，必然会使学生的心灵产生震动、拨动学生的心弦、陶冶学生的情操、完善学生的人格。

[案例片段解析]

在课前设计课堂导入环节，激发兴趣，产生学习动机。在执教数学四年级《计算器的使用》一课时，为了让学生感受计算器在实际生活中的应用，上课伊始，利用PPT制作的课件向学生讲述了一个故事：这是一座美丽、广袤的大森林，百鸟争鸣、鲜花怒放。每天这里都会迎来一位漂亮的公主。有一天，公主在散步时被一条毒蛇咬伤了脚，一位正好从这里经过的小女孩救了她。为了表示感谢，公主要奖赏这位小女孩。小女孩想了想说："那你就这样奖赏我吧！第一天，请你奖赏我一枚硬币；第二天，奖赏我两枚硬币；第三天，四枚……"公主很痛快地答应了她，并说："这很简单嘛！"请同学们想想这件事是不是很简单？如果公主当时用计算器好好算一算，会很快答应给小女孩吗？"这样的教学环节设计，使学生兴趣盎然，并且很快就进入了学习状态。

【设计意图】在教学中，合理、有效地使用多媒体导入新课并进行教学，能让学生在最短的时间内很快地入情入境。在课前安排播放了PPT，使学生很快对故事过程和结局感兴趣，带着问题去思考，由此学生很容易进入本节课的学习。

提示：学习兴趣是学习活动中最直接、最活跃的意向心理因素，它对于维系注意力、增强理解与记忆、激发联想和创造性思维、唤起情感体验等都具有积极作用。

小组讨论
1. 讨论导入在理科教学中的重要性。
2. 讨论导入技能在理科教学中的作用。

实践活动
做一个理科的课堂导入的教学设计。

 活动二 技术支持的课堂导入的原则及作用

理论导学

一、技术支持的课堂导入的原则、结构及方式

（一）技术支持的课堂导入的原则

1. 直观性原则

多媒体技术所提供的材料，应该具有形象直观的特点，利用它进行学科导入符合学生的认知规律，通俗直观，浅显易懂。例如，在导入新课时，利用挂图或动画来展示某个场景，可以使学生遵循从具体事物到抽象理论的认知规律，通过直观感知去理解知识。

2. 承上启下原则

新课的导入要成为联系旧知识的纽带，要体现学科知识体系的内在联系，特别是在理科教学过程中，无论是数学还是物理等学科，注重其学科知识体系的联系显得尤为重要。多媒体技术具有连续移动屏幕、简洁明了、操作简单的特点，利用它可以增加导入知识的科学性，容量大，节省时间，提高了课堂效率，优化了导入艺术。

3. 趣味性原则

课堂导入应该寓趣味于其中，这样才能更好地激发学生兴趣，唤起他们的好奇心与求知欲。在开始新课之前，一段小视频、一个小动画等，会马上调动学生们的积极性。多媒体教学工具可以在展示的过程中给学生留下深刻的印象，其强大的音像功能，能使导入自然、趣味横生。

4. 参与性与全体性原则

2001年6月颁布的《国务院关于基础教育改革和发展的决定》和之后颁布的《基础教育课程改革纲要》启动了我国新一轮课程改革，《纲要》中提出了"课程标准"的概念，课程标准中强调每一名学生的全面发展，导入新课的目标和内容要面向全体学生，教师要做的是根据学生的认知水平，确定导入的目标与内容，结合多媒体技术，使导入的形式有利于全体学生的参与和实践，在这种导入方式中，可以选择头脑风暴的导入形式，调动每一名学生的学习积极性，让学生对接下来将要学习的新知识充满信心。

5. 灵活性与简洁性原则

心理学研究表明：令学生耳目一新的新课导入刺激可以有效地强化学生的感知态度，吸引学生的注意指向。但导入作为一节课的开始，不能占用很长时间，要做到尽量简洁易懂，还要起到吸引学生学习兴趣的效果。因此，课堂导入要精心设计，起到画龙点睛的作用，巧妙地运用导入技术将学生的状态调整到课堂学习的最佳状态，创造愉悦和谐的课堂气氛。

（二）技术支持的课堂导入的结构

1. 引起注意

导入的构想与目的是要想法设法把学生们的心理活动保持在学习行为上，与教学活动无关的甚至是有碍的活动能迅速得到抑制。当学生被导入活动吸引后，才能从教学开始就得到鲜明而清晰的反应，获得良好的学习效果。已经引起注意的标志是：学生举目凝视，双眼有神，或侧耳倾听，或静静思索，或议论纷纷，等等。

2. 建立联系

在进行课堂导入的设计时，要充分考虑学生原有的知识和能力，要在学生现有知识结构的基础上引导他们学习新知识。将教师的主导作用和学生的主体作用完美地融合，就能以较少的精力和时间有效地达到教学目标。建立新旧知识的联系的方法很多，可以提问问题的形式让学生逐步解答，随着问题的深入，旧知识便同新知识建立了联系，从而引入了新课。

3. 激起矛盾

瑞士教育心理学家皮亚杰指出，每个学习者头脑中都有一个认知结构，外界环境的刺激首先作用于认知结构。认知结构倾向于它才能被知觉，否则视而不见、听而不闻。皮亚杰认为并不是所有的外界刺激都能引起学习从而产生学习，只有当认知结构与外界刺激发生不平衡时才能引起学习的需要。这说明，要引起学生的主动学习，不仅要使外界刺激与原有认知结构建立联系，还要构成某种矛盾引起心理的某种不平衡。只有当学生心求知而未得之意、口欲说而未能知其貌的状态下，学习活动才能真正展开。

4. 期待学习

学习动机中最现实、最活跃的成分是认识兴趣，即求知欲。学生所处的年龄段对周围世界有所了解，但知之不多。因此，创设引人入胜的情境，能激发学生产生学习的兴趣。自觉性是学习动机中重要成分，一方面可提出严格的要求，另一方面要说明学习这部分知识和技能的意义，只有当学生清晰地认识到学习的意义时，才能产生学习的自觉性，迸发出学习的极大热情，表现出听课学习的强烈欲望。

（三）技术支持的课堂导入的方式

基于前面的认识，在利用多媒体进行课堂导入时，不但要做到形式上的新颖，还要做到取长补短，充分发挥多媒体的作用。在具体设计时，可以选用如下几种导入方式：

1. 直观导入

直观导入是在讲授新课题之前，先引导学生观察实物、样品、标本、模型、图表、幻灯片、电视片等，以此引起学生的兴趣，在学生观察的过程中提出问题，创设研究问题的情景。学生在直观感知过程中产生疑问，从而引起学习新知识的强烈欲望。由于实物、标本、教具（挂图、模型、幻灯片、投影片、电视、电影等片段）比形象语言更具有说服力和真切感，展示挂图、实物、标本、模型等，可以化抽象为具体，不但能为学生提供生动形象的感性材料，而且可以为他们积累丰富的感性经验。直观鲜明地揭示事物之间的联系。实物能加强教学的直观性和形象性，讲新课之前，出示与课堂内容有关的实物，导入自然，利于理解。例如，在讲授初中几何《轴对称图形》这一课时，就可以应用多媒体色彩鲜艳、图案优美的特点，直观形象地再现事物，给学生以如见其物的感受。教师可以用多媒体设计三幅图案：一个等腰三角形、一架飞机、人民大会堂，显示后，用红线显现出对称轴，让学生观察。图像显示模拟逼真，渲染气氛，创造意境，有助于提高和巩固学生的学习兴趣，激发求知欲，调动学习积极性。

直观演示对于引起学生的学习动机、增强感知，有直接作用。教师针对一些抽象的概念，在导入时多提供具体实例，创设演示直观教具的机会，这有助于学生对概念的理解。这种导入方式一方面能使学生获得丰富的感性材料，加深对事物的印象；另一方面可以激发学生的学习兴趣，有利于发展学生的观察力，加强对将要学习的新内容的理解和记忆。因此，这类导入方式运用很广，在各学科各年级均可使用，低年级尤其适时运用这类导入方式，效果更好。采用这种导入方式应注意实物、模型、幻灯、电视等的内容必须与新教材有密切的联系，在观察过程中，教师要及时地、恰如其分地提出问题以指明学生观察中的思考方向，促进学生的思维，为学习新教材做好准备。

2. 情景导入

情景导入是指利用形象、直观的教学手段创造情景，把认知活动与其发生的实际生活情景有机结合起来。情景导入法是文科教学中最常用、最重要的一种导入新课方法。一般来讲，文科教材中的对话和课文大多出现在一定的情景中。教师可以在新课起始阶段，借助多媒体实现对普通教学的扩充，并通过对真实情景的再现和模拟，使学生在一定的语境中感知、理解新语言材料的意义、用法、功能及作用，理解具体情景中语言所传递的信息。

多媒体不仅可以更加自然、逼真地表现多姿多彩的视听世界，而且可以对宏观和微观世界进行模拟，对抽象、无形的事物进行生动、直观的表现，对复杂的过程进行简化再现，等等。利用这些功能，教师可以设计表格图片、选编视频画面、录制音频片段，把文字语言转化为立体的音视情景，以刺激学生的视、听觉，从而达到引导学生进入教学活动的目标。

3. 悬念导入

课堂教学导入中使用的多媒体是由文字信息、图像信息、声音信息、触觉信息和嗅觉信息等有机结合而成的，但更多的是选择其中两三种媒体进行组合。教师可以根据教学内容的特点和教学活动的需要，有意隐去某些关键信息的内容，如用马赛克技术处理画面、用音频技术处理声音、用视频截取技术为视频留下悬疑等，由此产生信息上的悬念，激发学生的好奇心和探索欲，为下面的教学活动做好心理准备。抓住学生的好奇心强这一心理，在教学过程中为引入某疑难问题或一节课的难点而设置，但设疑有一定讲究，提出的问题要匠心独具，要具有独创性、科学性、规范性。如果教师在课前就紧扣教学内容设置悬念、提出疑问且语调、语势、语音都很讲究，能紧紧抓住学生的好奇心，无疑将为下面的教学打下良好的铺垫。例如，在讲《等比数列》时，设计了这样的导入方式：教师提出问题："把一张足够长、厚度为 0.1 毫米的纸折叠 20 次，会有多厚？"让学生进行估算，很多学生认为，这么薄的一张纸，再怎么折叠，又能有多厚，无非几十厘米而已。最后老师告诉学生：连续折叠 20 次大概有 35 层楼那么高，连续折叠 27 次就超过珠穆朗玛峰的高度了，而折叠 30 次就有 12 个珠穆朗玛峰了。为什么会这么高呢？学习了《等比数列》后，就知道原因了。采用这种导入语，可以激发学生的求知欲，能收到很好的教学效果。

4. 互动导入

多媒体技术借助计算机交互式综合处理多媒体信息——文本、图形、图像和声音，使多种信息建立逻辑连接，集成为一个系统并具有交互性。根据交互性这一特征，教师可以有意识地把学生作为一个信息源设计到课堂导入活动中。如：把文字信息隐去，让学生与多媒体中的图像信息或声音信息构成互动（看图说话、听音写话等）；把声音信息隐去，让学生与图像信息构成互动（看画面配音等）；把图像信息隐去或拆散，让学生与文字信息或声音信息构成互动（看文字画图、听音写图等）。又如，教师借用多媒体技术提供不完整的信息，形成互动空间，构建人机会话的互动模式。学生在直接参与这类互动过程中，便自然地进入了课堂角色。这种方法较好地体现了"学生是教学行为中的主体"这一新课程理念。教师在与学生交流的过程中，可以及时地把握学生的思想动态，进而顺利地完成情感、态度、价值观的教育目标。

5. 背景导入

利用视频媒体和音频媒体的功能，教师可以将教学语篇的相关背景材料生动形象地展现给学生。有时，话题背景文字材料的难度会超出学生现有的语言能力，多媒体技术能够通过画面、音乐等搭建一个"支架"；有时，课堂教学话题比较抽象，其相关背景也不直观，教师可以借助音频和视频媒体，引用与教学内容相关的名言警句、诗词、成语、歇后语、对联、典故或广告来导入新课，激发学生的兴趣，用图像、声音等将抽象的内容直观化，降低难度，为学生搭建一个平台。

6. 自主导入

根据不同的年龄段，有的学生已经具备了计算机操作技术，教师可以发挥学生的特长，组织学生自己制作多媒体课件，并在上课开始时让学生自主导入，作课件呈现。具体做法：教师根据教材内容，事先布置任务；学生或独立制作，或合作完成，通过自主探究，收集各种相关信息，并用多媒体技术将它们有机结合起来；在课堂上，学生借助课件，作相关内容的陈述、互动。这种导入方法有一定的难度，对学生的要求比较高，具体可以由教师设定预习任务的明确程度来调控；任务越明确，难度越低。例如，在讲解二氧化碳的性质时，提出如下问题：

（1）近几年来气温逐渐升高，天气越来越热。为什么？有没有解决的方法？

（2）人工降雨就是人在天空中洒水吗？

这两个探究性问题，引起了学生的激烈讨论，使学生产生了探究的兴趣。带着这两个问题，让学生浏览本节内容，使学生对这节课的内容有大致的了解，然后将问题展开，启发学生思考，再联系课本的演示实验，说明二氧化碳的密度比空气大。人们在生活、生产中燃烧燃料会产生大量的二氧化碳气体，二氧化碳像温室中的玻璃那样覆盖在地球上空起保温作用，使地球的气温持续上升，这就是所谓的"温室效应"。人工降雨是利用飞机从高空中撒下干冰（固态二氧化碳），空气中的水蒸气迅速冷凝变成水滴，于是就开始下雨了。通过分析有歧义的课题，引起学生探究的欲望，为下面的教学做了良好的铺垫。

7. 联想导入

多媒体课件的动态、易变、超链接等特点有利于教师的设计活动，诱发学生围绕中心话题，进行"头脑风暴"。头脑风暴是一种集中的讨论方法，它旨在最大限度地发挥人的想象力及创造力，在头脑风暴过程中，每个人都可以围绕话题尽情展开想象，最后提炼出可用的元素，从而解决问题。在具体设计中，教师首先根据教学内容确定导入主题，然后设计各种能够刺激学生想象的影视图像、文字信息、歌曲音乐等与主题超链接，构成一个联想导图，最后通过这个导入活动，使学生有一个有效的热身，达到开阔思维的效果。采用此法教学，能起到温故而知新的作用。例如，在上《电压》这节课时，首先提出一个日常生活中易见又易懂的事例：水为什么会从水位高处流向水位低处？然后多媒体课件展示以下情境：两个水箱，一个 A 水箱，一个 B 水箱，中间加一根管道 C，打开 C 管道开关，水从 A 水箱流向 B 水箱。因为 A、B 两水箱中间存在一定的水位差——水压，有了水压就会使水分子做定向移动形成水流。根据类比推理，电源正极聚集较多的正电荷，电势就高，负极聚集较多的负电荷，电势较低，电源正负极之间就形成电势差，即有了电压，电压使得自由电荷做定向移动形成电流，从而得出电压这个物理概念，导入《电压》。

[案例片段解析]

在导入情景中运用设置悬念导入式设计相关内容。

《映射》一课的导入：

同学们，我们已经学习了集合的相关知识，大家来看这两个集合：$A = \{1, 2, 3, 4, 5, 6, 7, 8\}$，$B = \{2, 4, 6, 8\}$，大家说这两个集合哪个元素多？学生们异口同声地回答说：A 比 B 多。那么大家再看，我把这两个集合做些变化，$A' = \{1, 2, 3, 4, 5, 6, 7, 8, \cdots, n, \cdots\}$，$B' = \{2, 4, 6, 8, \cdots, 2n, \cdots\}$。这次 A' 与 B' 谁的元素多呢？学生肯定地说：还是集合 A 的元素多。此时，我指出，集合 A 的元素比 B 多是正确的，但是集合 A' 的元素比 B' 多是完全错误的，事实上它们的元素个数是一样多的。学生们议论纷纷，都在思考原因。这时我指出，要想知道为什么集合 A 的元素与集合 B 的元素一样多，就要了解我们今天要学习的内容——映射。

【设计意图】这种正误的碰撞，成为了悬念，能够吸引学生的注意力，激发学生的学习兴趣，使其产生探索新知的欲望。

提示：用设置悬念的方法开讲，可以有效地将学生的注意力吸引到既定的教学内容和教学目标上，给教学过程增添活力。

二、技术支持的课堂导入在理科教学中的作用

技术支持的课堂导入环节中,理科常用到的数字化资源包括文字、图片、音乐、视频等,数字化资源使课堂导入教学活动更直观、更生动。

(一) 文字在课堂导入中的作用

文字输入是多媒体教学中一项最基本的功能,也是一种最普遍的手段。在课文导入时,可以采用直接输入问题、提供背景资料等方式。其中较为有效的一种是通过文字输入,采取"头脑风暴式"活动。头脑风暴(Brain-storming)最早是精神病理学上的用语,是对精神病患者的精神错乱状态而言的,现在转化为根据一个主题或某个问题,个人可以无限制地自由联想和讨论,可以无限制地发表个人见解或意见,当所有的观点或意见都发表完之后,教师可引导学生对提出的意见和观点进行分类、分析和选择,引入正题,导入课文。由此,可训练学生的发散性思维,形成新观念和新设想。

(二) 图片在课堂导入中的作用

心理学认为:图像可唤起和组织学生原有知识经验中的感性材料,帮助学生确定所学文字的意义,进行语言和形象的双重联系,便于学生理解和记忆文章的定义,利用图画的艺术语言,展示其丰富的内涵,是一种极富诗意的导入。

幻灯片、投影仪是图画的一种形式,以多媒体手段参与教学,更直观生动。图片导入可使学生具体直观地感受到所学课文的内容,尤其是对难以理解的课文,有助于学生理解课文,容易激发学习兴趣,驱遣他们的想象,刺激学生的感官,吸引学生的注意力,并且印象深刻。可根据不同的教学内容,利用图片创设不同的情景。每册课本前都有几页插图,这些插图也是教学的重要素材,活用这些素材可一举多得。也可以利用网络优势,下载相关的图片,制成课件。例如,在讲《电荷》前,用课件出示几张生活案例的图片。在脱毛衣时,有时会听到"噼啪"的响声,如果是在黑夜里,有时还会看到"火花"。在梳头发时,有时头发会随着梳子"飘起来"。用这种从生活中提取最常见案例的方法,能使学生最快也最感兴趣地认识并学习《电荷》这一课。

(三) 音乐在课堂导入中的作用

托尔斯泰说:"音乐的魔力,足以使一个人对未能感受的事有所感觉!对理解不了的事有所理解。"教育心理学表明:音乐教育与智育相辅相成。音乐以其优美的旋律和动听的曲调活跃和丰富听者的思维与想象力,锻炼他们的注意力、观察力、记忆力,使学生在音乐声波的刺激下思维活动处于敏捷和活跃状态,产生学习的积极性、主动性、创造性。通过播放与该课内容相关的多媒体来导入,能让学生在轻松的教学氛围下对新课产生吸引力。例如,在上《乙醇》这一课时,播放了几首关于酒的古诗:"借问酒家何处有,牧童遥指杏花村";"五花马,千金裘,呼儿将出换美酒";"对酒当歌,人生几何"。古人今人,都非常喜欢酒。喜怒哀乐时都会想到酒,高兴时饮酒相庆,忧伤时借酒消愁。那么同学们可知道饮用酒的成分是什么?(酒精或乙醇)这节课我们就通过学习来了解乙醇的结构、性质和用途。

(四) 视频在课堂导入中的作用

新课教学不仅向学生传授知识、培养能力,还要对学生进行思想教育与引导,以促

使学生形成正确的情感、态度和价值观。例如，用多媒体播放从网上下载的视频《酸雨的危害》，学生看到公路上汽车排放的大量尾气、火电厂和化工厂上空浓烟滚滚。一些美丽的景区树木大片死亡、一些伟大的建筑和雕塑遭到毁坏、湖泊变质、鱼虾死亡等景象。把学生们带入疑问中：我们美丽的世界到底怎么了？由此导出本课——《二氧化硫》。将一些影视资料通过多媒体播放导入新课，或历史事件再现、或现实生活聚焦，生动的场景往往会直接震撼学生的心灵，使学生如临其境、情景交融、感悟其中。心理学家认为，感知是认知事物的首要准备。视频导入是通过播放电影或录像，客观地直接刺激学生的感知，从而激活学生的求知思维。

[案例片段解析]

在导入情景中，运用 MV 视频播放实验《压力》。

教师把一个盛水的塑料袋或一带酸奶，小心翼翼地分别平放在密度很大和密度较小的两个钉板上，结果放在密度大钉板上的安然无恙，而放在密度较小钉板上的塑料袋里的水射了出来，同样的压力为什么产生了不同的结果呢？压力的作用效果与哪些因素有关呢？这就是压强问题，引入新课。

【设计意图】利用播放的实验视频产生的问题吸引学生的兴趣，引导学生进入《压强》新课。

提示：教师可以利用生动、有趣的 MV 短视频引导学生对此课产生浓厚的兴趣，使学生更快地进入到该课中。

小组讨论

1. 一起讨论怎样根据学生的具体特点，选择合理的课堂导入方法。
2. 怎样利用多媒体技术做好理科课堂导入环节？
3. 在课堂导入环节中有几种数字化教学资源？

实践活动

利用联想导入方式设计《透镜》一课导入环节的教学设计。

活动三 技术支持的课堂导入策略与应用

理论导学

一、技术支持的课堂导入在理科教学实施中的策略

新授课的导入对整节课的成败起着至关重要的作用。苏霍姆林斯基说："如果教师不想方设法使学生产生情绪高昂和智力振奋的内心状态就急于传授知识，那么这种知识只能使人产生冷漠的态度，而使不动感情的劳动带来疲劳。"新授课是以传授知识、形成以技能为中心任务的一种最基本的课型。导入环节是新授课的起始阶段，此时，教师可以运用恰当的导入策略，通过讲述、板书等手段激发学生的学习兴趣。根据不同的划分标准，课程分为不同的类型，根据教学任务划分，可以分为单一课和综合课。单一课只完成某一单一的教学任务，只进行一方面教学内容的教学。单一课又可根据其要求完成的任务分为新授课、复习课和练习课等。在这里我们只学习新授课的导入策略。良好的导入活动可以顺利转移学生注意力，引起学生的学习兴趣，使之尽快投入到课堂教学中。新授课的导入策略可以多种多样。

（一）新授课中的教师独导

教师独立导入是新授课中使用很广的导入策略。"好的开始是成功的一半"，新课程开始，教师导入得当定会激发学生的求知欲，活跃课堂气氛。新授课中的教师独导可以有以下几种形式：

1. 直接导入

导入环节切忌繁琐冗长，如果能简明扼要地说清楚的东西则无需多花时间。这就要求教师在导入时开门见山地将教学重难点告知学生，使学生明确学习目的，有条理、有重点地投入精力。具体运用过程中，教师可以采取直观图或者投影仪直接点出学习重点的方式呈现给学生。

2. 利用多媒体导入

为了吸引学生的注意力，教师可以在导入时利用多媒体，如音乐、影片视频等吸引学生，取得良好的导入效果，使学生对所学的内容获得一些感性认识，如利用音乐制造气氛，把学生带入设计好的意境当中。如果所授新课具有相关的影音资料，教师可以引入其中让学生在故事画面中领悟新授课的中心意思。在视频播放期间，学生们边看边讨论，课堂逐渐进入一种轻松的氛围中，学生们在交流的过程中会对新知识有一定的感性认识。此时，教师可以适当地提出几个问题启发学生。学生在思考这些问题的时候，新课程的结构便自然而然地被了解和接受。在之后的讲解中，教师只需要进一步地加以说明就可以取得良好的教学效果。随着网络的发展，教师可以借鉴网络资源，把和教学内容相关的多媒体资料，如图片、视频、影片等拿来利用，多方位多角度地加深学生印象，提高学习兴趣。

（二）新授课中的师生共导

新授课中采取师生共导的策略，发挥学生的主动性是课堂教学一直倡导的。师生共同导入可以通过学生的积极参与来实现提高教学效率的目的。师生共同导入可以通过下面几种方式实现：

1. 问答互动导入

学而不思则罔。教师在导入新课的时候，在给学生们提供了适当的多媒体材料之后，可通过设置有难度的问题让学生思考回答，这样可以在一定程度上激发学习兴趣。问答是课堂活动的最基本行为，问答的作用在于发挥学生学习的主动性。教师在采用这种方式导入时，可以利用视频小游戏，这样既能吸引学生的注意力，也能达到启发学生思考的目的。需要注意的是，问题的设置应当难度适宜，否则会打击学生的信心。

2. 启发经验导入

学生所学的知识与现实生活是紧密相连的。教师从日常生活经验入手可以唤起学生的学习热情。教师可以为学生提供日常生活中喜闻乐见的图片或音乐，以此消除对新知识的畏惧感，自觉主动地投入新课程的学习。

借助技术的课堂导入同其他导入手段一样，是开放的，没有固定不变的方法。任何事物都有所长，亦有其所短，完全舍弃传统的好的课堂导入也是万万不可的。技术是一把双刃剑，教师要做到一切从现有的实际出发，把技术当作教学的辅助工具，而不是一味地使用它、依赖它。总而言之，技术支持的课堂导入有其优越性、适时性和针对性，但是教师应该根据课堂需要选择最恰当的导入手段，让各种教学技巧有机地在课堂中结合才能达到教学的最好效果。

[案例片段解析]

在课文导入情景中，运用图片、视频和 PPT 课件等方式，展示《声音的产生》。

播放视频资源：马路上汽车的鸣笛声，小蜜蜂嗡嗡的飞舞声，鱼儿一跃而起跳出水面的声音，观察这几个视频，总结其发出声音的特点。教师再播放图片展示下雨时及打鼓时的图片。让学生们慢慢地将好奇心转向思索：声音是怎么产生的呢？教师通过播放 PPT 课件展示不同发声体的震动，在学生对声音的产生有了好奇和兴趣的基础上，把学生自然带到声音的世界里，感悟声音产生的原因这一奥秘。

蜜蜂飞舞

海豚跳跃

敲打鼓面

【设计意图】采用适合的教学媒体技术，达到学生的情感目标。

提示：教师根据文章的教学内容，有针对性地、自如地转换教学媒体，让学生充分感受到自如地学习知识以及学科与生活的紧密度。

二、技术支持的课堂导入在理科教学中的应用优势

（一）技术支持的课堂导入在理科教学中的应用方法

课堂教学导入策略的不同，所使用的导入方法也各具特色，同样的教学内容采用同样的课堂导入方法，不同的教师导入后却会出现显著的差异性。这就要求教师要学会选择运用科学合理的导入方法，才能在新课程标准和现代教学理论的指导下，熟练把握各类课堂教学导入方法的特性，综合考虑影响课堂教学导入方法的各种要素，结合课堂教学的具体情况，合理选择课堂教学导入方法并能进行优化整合。

1. 根据理科的教学目标和教学内容，合理选择课堂教学导入方法

针对理科课程目标的不同，要借助与其相对应的课堂导入方法和导入技术；不同章

节、不同课时的内容与要求也具有不一致性，这就决定了课堂导入方法的选择必须符合多样性和灵活性的特点。同是讲一堂理科课，不同的课时应具有不一样的特点，这就要求授课教师要认真体会教材，根据教材内容选择合适的课堂教学导入方法。选用恰当的导入方法是备课的主要内容之一，教师上课时决不能采用"一刀切"，否则就可能使课堂沉闷，也就更难以展现课堂教学内容应有的魅力。备课时，教师应该认真分析该堂课的目的性，是教原理掌握基础知识还是学方法理解与运用，或是培养学生的情感、陶冶情操。针对不同的教学目的，其教学内容也必将相应地做出改变，导入的类型也就不一致了。例如，在教授原理性知识，也就是打基础的部分时，教师可以采用直观导入的方式，运用实物、实例引起学生兴趣，从而展开新课。而在理解运用的课堂中，由于是建立在已经学过基础知识的基础上，教师就可以采用问题导入、自主导入等方式引出该堂课的教学内容。创设问题情境，让学生在解决问题的过程中理解知识点的运用，同时展开配套练习的训练，培养学生运用教材的基本知识点解决实际问题的能力，提高教学效果和教学效率。

2. 根据学生的具体特点，选择合理的课堂导入方法

同一班级的学生，从知识水平到学习风格都有着明显的差异，不同年龄段的学生也会呈现明显的不同。这就要求教师们能很好地把握这种差异性，良好的掌握可以影响教学导入的效果。有的学生接受新知识的能力强，有的学生则相对较弱；有的班级的课堂比较活跃，而有的班级则略显沉闷。这就要求导入方式要灵活变动。比如，针对接收新知识能力较弱的学生，教师应该采取以"演绎法"为主的课堂教学导入方式，尽量做到让学生了解并掌握基本概念和原理，同时辅以适当的练习训练来强化课堂效果。对于基础水平较高且接受能力相对较强的学生，可以采用问题探究、自我导入、讨论等方式导入新课。在学生迅速掌握课本基础知识的基础上，进一步培养学生的创新思维能力。对于较活跃的班级，可以采用活动的形式，如合作讨论等，可以迅速将课堂气氛引向高潮，而对于比较沉闷的班级，则需要采用提问问题法等，调动学生参与课堂学习的兴趣。

3. 根据教师的教学风格和特点，选择合适的课堂教学导入方法

对于同样的一门课，采用相同的导入方法，如果由不同类型的教师去讲授，可能会产生不同的教学效果，这就说明不同教师对于一堂课的影响的重要性。例如，有的教师比较外向，课堂比较活跃，表达能力较强；而有的教师就显得相对内向古板，但逻辑能力较强，如果这两种类型的教师在教课过程中采用规定的同一种导入方法，就可能产生两种截然不同的教学效果。因此，教师们必须做到了解自我，把握自我，多和同事、学生交流，在选择课堂教学导入方法的时候做到扬长避短，选择合适的课堂教学导入方法，这就是课堂授课的关键。

（二）技术支持的课堂导入在理科教学中的优点

多媒体技术和学科教学工具提供了文字、图形、图像、声音、动画等多种教学信息，不仅能使学生的眼、耳、口、手、脑等多种感官同时接受刺激，而且能使学生始终主动参与学习的过程，充分利用这些技术可以有效地激发学生的学习情趣，调动学生认知主体的主动性和积极性，为学生营造一个色彩缤纷、图文并茂、动静相溶的教学情境。它们在课堂导入教学中有着无可比拟的优越性。

1. 直观形象

多媒体技术和学科教学工具能发挥"绘色、摹形、拟音"等立体教学优势，它能再现文字描述的客观事物的行声色并将直接作用于学生的感官，使其眼见于形且闻其声，犹如身临其境，激发了学习兴趣。

2. 灵活多样

传统教学手段的单一性，大大限制了它的表现力。纵然有挂图辅助教学，但挂图的静止性、局限性很难表现教材所体现的事物的变化和多姿多彩。多媒体技术和学科教学工具的表现手段灵活多变，可以再现事物的变化，还可以根据不同对象的不同需要进行编辑。教师根据教学需要，需要什么形式的课堂导入，再运用多媒体制作，为课堂导入教学服务，针对性强。

3. 突破时空

从认知理论上看，只有把新知识溶于学生旧知识的图示当中，学生才可以真正地理解与接受。由于学生生活体验较少，当教材内容与学生实际相差较大的时候，学生很难理解与接受。多媒体技术能突破时间、空间上的距离，能够模拟场景，丰富学生的表象。运用各种多媒体手段对新课进行导入，是现代教育教学发展的必然趋势。传统的课堂导入方式众多，如利用语言、黑板、实物等将学生的注意力顺利引入课文主题。信息技术发展到今天，教师可以自制幻灯片课件、录像片等多媒体手段，用全新的方式引领学生自发自觉并带着迫切的求知欲进入一个新的教学模式。

[案例片段解析]

在课文导入情景中，使用讲故事的方法导入《内能的利用和环境保护》。

课前向学生讲述这样一则报道：兰州是我国的中型工业城市，竟然"消失"了。1990年冬季，西方某国的情报人员照例将卫星拍摄的胶片输入计算机，当地形复原图在大屏幕上显示时，一张照片引起了专家们的注意：奇怪的是，兰州在地图上不见了。西方人认定是中国正在试验一种城市伪装的新方法。为了证实这个判断，一行人到达兰州后，从天空到陆地，从空气到河水，广泛采集标本进行分析，得出的结果是污染严重超标所致！兰州这座工业城市，工业排放出来的气体罩着整个城市四周和上空，形成了一个大而密的烟尘云团，由于地形关系，污染团难以飘散，致使最先进的侦察卫星也发现不了。同学们，内能的广泛应用在发展人类文明的同时也给人类生存带来了危害，这就是我们学习这节课的意义。讲授与知识相关的故事，可充分调动学生的学习兴趣，又能激发学生爱科学的意志品质，对学生掌握新知识、提高探求知识奥秘的能力无疑起到了很好的促进作用。

【设计意图】运用实物、实例引起学生兴趣，从而展开新课。

提示：根据理科教学目标和教学内容的不同，选择合适的课堂导入方式。

小组讨论

1. 结合教学实际，讨论学科教学工具在课堂导入中的作用。
2. 讨论技术支持的课堂导入的基本类型。

实践活动

根据所学的知识，结合理科的教学目标和教学内容，设计一个课堂导入方案。

专题二 技术支持的课堂讲授

在本专题的学习中，您要努力达到如下目标：

1. 能够选择适当的教学方法，设计出运用信息技术解决教学问题、有效达成学习目标的教学设计方案(《标准》C6、C7)；

2. 能够合理选用、获取、加工、制作有助于突破教学重难点的数字资源(《标准》C8、C9)；

3. 了解信息技术应用过程中可能出现的问题，学会制订应对方案，确保相关设备、资源及软件在课堂教学环境中正常使用(《标准》C10、C11)；

4. 能够有效协调技术资源，使得技术资源和课堂教学深度融合(《标准》C12、C13)；

5. 观察和收集学生的课堂反应情况，能够适时地对教学行为进行有效调整，激发并保持学生的兴趣与注意力(《标准》C14、C16)；

6. 能够灵活处置课堂教学中因技术故障引发的意外状况(《标准》C15)。

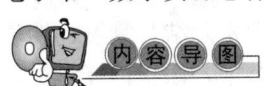

数字教育资源　微视频　演示文稿　专题学习资源　探究学习资源　素材类资源　电子书　数字资源总称　虚拟实验室　模拟仿真系统　学科教学软件

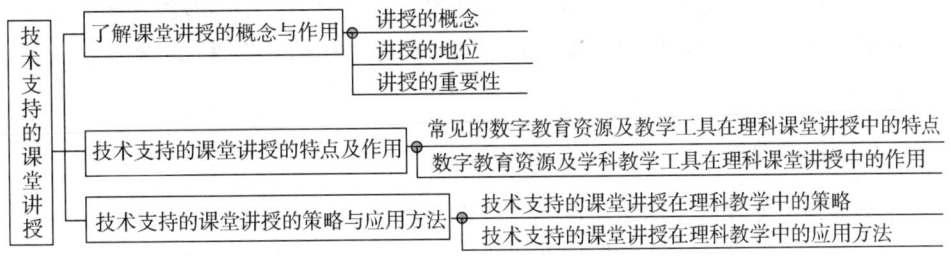

理科
学科教学与信息技术应用

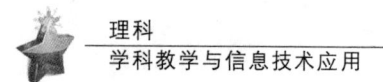

在课堂讲授过程中，您是否尝试过利用技术资源辅助课堂教学？您是否了解一些常用的教育资源网站？您是否尝试过使用一些学科教学工具进行教学？在使用技术的过程中，您是否会感到迷茫或者无从下手？通过本专题的学习，相信会对您解决这些疑问有所帮助。

活动一 了解课堂讲授的概念与作用

理论导学

一、讲授的概念

课堂讲授技能是指教师运用口头语言，通过分析、解释、说明、论证、叙述、描绘等方式向学生系统传授知识的技能，是课堂教学中最主要、最常用的方式。讲授教学中，教师起主要作用，教师要将学生所学内容以系统的形式呈现，使学生在短时间内获得大量信息。

二、讲授的地位

教学过程是一个复杂的、系统的过程，它是教师根据一定的社会要求和学生的身心发展特点，借助一定的教学条件，指导学生通过认识教学内容从而认识客观世界，并在此基础上发展自身的过程。在教学过程中，教师有目的、有计划地引导学生能动地进行认识活动，自觉调节自己的志趣和情感，循序渐进地掌握文化科学知识和基本技能，以促进学生智力、体力、社会主义品德和审美情趣的发展，并为学生奠定科学的世界观。一个完整的教学过程包含诸多教学环节，课堂导入、课堂讲授、课堂总结与复习、教学评价等环节都是教学过程中不可或缺的一部分，在所有的教学环节中，课堂讲授环节是整个教学过程的核心，它是教师对学生传授知识、开发智力、培养技能的重要环节，也是学生获取知识、增强技能的重要途径，因此，课堂讲授的效果直接影响整个教学过程的成败。

三、讲授的重要性

通过课堂讲授发挥诱导作用和情感教育作用，通过课堂讲授引导学生的思考和学习活动，通过课堂讲授进行小结、提出希望或要求。讲授教学有利于提高教学效率，帮助学生全面、深刻、准确地理解教材，促进学生学科能力的整体发展。课堂讲授要求教师语言要规范、简明、生动，教师要时刻关注学生的反馈信息，课堂教学中讲授要与板书、体态语相配合，教学要紧密联系学生已有的知识经验。

[案例片段解析]

利用技术手段设计《分数的基本性质》这一讲授环节，激发学生兴趣，产生学习动机。

镜头一：听故事（播放视频：孙悟空花果山分饼）

花果山上的小猴子最喜欢吃美猴王做的饼了，有一天，猴王做了三块大小一样的饼分给小猴子们吃。它把第一块饼平均分成四块，先分给猴1一块。猴2见了说："太少了，我要两块。"猴王就把第二块饼平均切成八块，分给猴2两块。猴3更贪，它抢着说："我要三块，我要三块。"于是，猴王又把第三块饼平均分成十二块，分给猴3三块。

镜头二：谈感受

教学实录：

师：听到这里，你有什么想法吗？有什么话要说吗？

生1：我觉得孙悟空很聪明。

生2：我认为三只小猴子分到的饼是一样多的。

生3：我认为猴王这样分很公平，第1只小猴子分到了饼的$\frac{1}{4}$，第2只小猴子分到了饼的2/8，第3只小猴子分到了饼的$\frac{3}{12}$，这三只小猴子分到的饼是一样多的。

镜头三：我验证（教具做实验）

教学实录：

师：大家都觉得其实三只小猴子分到的饼一样多，你们用什么方法来证明自己的想法，让这三只小猴子心服口服呢？怎么验证？

（1）教师引导学生充分利用桌面上学具盒中的学具，小组合作，共同验证这三个分数的大小？

（2）师：实验做完了吗？结果怎样？哪个小组先来汇报一下验证情况？

组1：我们组把24根小棒看作单位"1"，平均分成4份，其中的一份有6根，就是$\frac{1}{4}$。平均分成8份，其中的两份有6根，就是$\frac{2}{8}$。平均分成12份，其中的3份也有6根，就是$\frac{3}{12}$。所以$\frac{1}{4}=\frac{2}{8}=\frac{3}{12}$。

组2：我们组把24个小立方体看作单位"1"，平均分成4份，其中的一份有6个，就是$\frac{1}{4}$。平均分成8份，其中的两份有6个，就是$\frac{2}{8}$。平均分成12份，其中的3份也有6个，就是$\frac{3}{12}$。所以$\frac{1}{4}=\frac{2}{8}=\frac{3}{12}$。

组3：我们把一个圆平均分成4份，取其中的一份是$\frac{1}{4}$，我们把同样大小的圆平均分成8份，取其中的两份是$\frac{2}{8}$，我们再把同样大小的圆平均分成12份，其中的3份用$\frac{3}{12}$表示，我们再把圆的$\frac{1}{4}$、$\frac{2}{8}$、$\frac{3}{12}$叠起来是一样大的，所以$\frac{1}{4}=\frac{2}{8}=\frac{3}{12}$。

镜头四：我总结

学生通过实验，对分数的基本性质这一节进行总结，得出要学习的知识。

提示：学习兴趣是学习活动中最直接、最活跃的意向心理因素，它对于维系注意力、增强理解与记忆、激发联想和创造性思维、唤起情感体验都具有积极作用。

小组讨论

1. 以小组为单位，采用头脑风暴的方式，就课堂讲授的地位和作用进行深入讨论。
2. 上网检索并下载2～3篇关于"课堂讲授"的论文并进行小组交流讨论。

实践活动

设计中学物理《力的三要素》一课的课堂讲授环节。

活动二 技术支持的课堂讲授的特点及作用

理论导学

一、常见的数字教育资源及教学工具在理科课堂讲授中的特点

（一）理科教学常用的数字教育资源网站

1. 综合类网站

（1）国家基础教育资源网

国家基础教育资源网（http://www.cbern.gov.cn）是专为我国广大中小学教师和学生提供丰富的教育教学资源信息及网络化学习的平台类门户网站。在国家教育部基础教育司的指导下，由教育部基础教育课程教材发展中心、中央电化教育馆联合主办。它的教育资源非常丰富，涵盖了中小学各年级各版本的教材，使用者只需在网站上进行简单的注册后，就可以免费下载资源。"国家基础教育资源网"依据教育部颁布的《义务教育各学科国家课程标准》、《普通高中各学科国家课程标准》及《基础教育教学资源元数据规范》（CELTS-42），结合我国广大中小学教育教学资源的实际及我国中小学信息技术教育现状，参考国内众多教育软件企业的成果及国外先进国家网络资源建设方面的经验，开发和建设了一个以提供网络化教学资源服务为主体、以教学资源应用为重点、以促进教学资源可持续利用为方向的、充分实现资源共享的新型网络平台。

教师依据理科课堂讲授环节的不同需要，按照"课标"、"教材"、"年级"、"学科"、"媒体"、"专题"等不同标准查询资源，该资源网站囊括了全部课标规定的单元学习内容或知识点，采用逐层递进的结构。可按"学科/学段"点击所需，列表中即可展示出相应的全部资源及其要素的描述记录。可按教材浏览，页面左侧列出了"科目"、"版本"、"年级"，根据需要选择相应学科教材的版本与年级后，右侧列表中即可展示出相应的全部资源及其要素的描述记录。可按照媒体浏览：页面左侧列出了各种媒体类型，根据需要选择相应的媒体和文件格式后，右侧列表中即可展示出相应的全部资源及其要素的描述记录。可按专题浏览，页面左侧列出的都是在教育教学中专门研究或讨论的题目，可以利用这些资源对学生开展与加强思想品德、卫生、法制、安全、环保等教育，根据需要选择相应专题后，右侧列表中即可展示出相应的全部资源及其要素的描述记录，点击选中的资源标题，即可查看资源的详细描述，并可下载。教师根据理科课堂讲授所需，利用国家基础教育资源网查看并下载相应的教育资源。

(2) 学科王

学科王（http://xuekewang.com/）是一个比较全面的中小学教学资源门户，汇聚听力、试卷、课件、教案、讲义、竞赛、论文等教学资源，关注高考、中考、小升初资讯和模拟试卷，交流教学成果。学科王充分挖掘教师和学生、学校和师生各自的特性诉求，提供个性化、专业性的互动教学服务和网络增值服务，以此丰富、再造教育图书策划、出版的相关业务流程。教师根据授课需要进行搜索，索引包括热点资讯、精品课件、名师讲义、教案精华等。如教案精华板块下的同步教案中数学华师大版八上能力培优《勾股定理的应用》（2014）、北师大版八上能力培优《平均数》（2014）等。下载资源需要用户注册后，支付相应的资源点数才可以进行。

2. 教案、教参类开放资源及网站

(1) 人民教育出版社

人民教育出版社（http://www.pep.com.cn/）是直属于中华人民共和国教育部的专业出版社，其网站资源涵盖人民教育出版社出版的小学、初中、高中等各学科电子课本及同步的教师教学资源和学生学习资源。小学数学（http://www.pep.com.cn/xxsx/）、中学数学（http://www.pep.com.cn/czsx/）、中学物理（http://www.pep.com.cn/czwl/）、中学化学（http://www.pep.com.cn/czhx/）分为教师中心和学生中心两个板块。教师中心板块分为同步教学资源和教学研究，同步教学资源为教师提供了理科各年级教材设计，详细到每个单元的每一课，不仅有优秀的教学设计，还有教师成果展示。

(2) 百度文库、豆丁网、道客巴巴网

百度文库（http://wenku.baidu.com/portal/subject/9_s0_g0_v0）是百度发布的供网友在线分享文档的平台。百度文库的文档由百度用户上传，需要经过百度的审核才能发布，百度自身不编辑或修改用户上传的文档内容，网友可以在线阅读或下载这些文档。百度文库的文档包括教学资料、考试题库、专业资料、公文写作、法律文件等多个领域的资料。下载百度文库的资源需要用户注册并支付相应的积分，积分的获取可以通过用户上传文件得到。

豆丁网（http://www.docin.com/l-10003-0-0-0-0-1.html）是全球优秀的文档销售与分享社区。豆丁网允许用户上传包括∗.pdf、∗.doc、∗.ppt、∗.txt在内的数十种格式的文档文件，并以Flash Player的形式在网页中直接展示给读者，但是资源的下载必须是豆丁用户并且要耗费一定的豆元。

道客巴巴网（http://www.doc88.com/）也是一个在线文档分享平台，该网站也包含了众多的文档资源，允许用户上传和下载资源，但与豆丁网类似，资源的下载也必须是网站注册用户并且需要耗费相应的积分。用户在此平台上不但可以自由交换文档，还可以分享最新的资讯,如电子图书、学术论文、培训资料、课件、讲义、各类书稿、文稿、各类翻译作品、文献、个人创意、策划等。

(3) 第一课件网

第一课件网(http://www.1kejian.com/edu/2/)是一个免费的教学资源下载网站,该网站资源包含中小学的课件、教案、试题等资料和一些 PPT 模版、管理资料、论文等内容,网站所有资源用户可以免费下载,与此同时,网站用户还可以上传自己的资源与其他用户进行分享。

(4) 中小学课件站

中小学课件站(http://cai.edudown.net/chuzhong)是一个免费提供从幼儿园到高中的课件下载服务的公益性网站,该网站提供的资源涵盖中小学各个年级、各个学科、不同版本的教材,内容非常全面,用户可以直接免费下载。

(5) 蓝动网

蓝动网(http://www.landong.com/)的教育资源主要集中在课件、教案、图片素材和论文等方面,其图片素材非常丰富,这是它区别于其他网站最大的不同,蓝动网的资源需要用户注册后花费相应的积分才进行下载。教师可以根据教学目标的需要,有选择性地进行浏览与下载。

(6) 亿库教育网

亿库教育网(http://www.eku.cc/)是中小学课件、教案、试卷、素材、图片、视频、论文、教学参考、文书、计划、总结、写作等资源的交流下载站,该网站所有资源全部免费,用户无需注册,点击即可下载。

3. 教学素材类资源网站

(1) 图片类:百度图片

百度图片(http://image.baidu.com/)搜索引擎是世界上较大的中文图片搜索引擎,百度从8亿中文网页中提取各类图片,建立了世界第一的中文图片库。截至2004年底,百度图片搜索引擎可检索图片已超过7千万张。百度图片拥有来自几十亿中文网页的海量图库,收录数亿张图片,并在不断增加中。搜索你想要的动画、表情、素材……美图、新图、热图、酷图,根据需要自行挑选。通过百度获取图片素材是常用的方式,图片可以直接免费下载,但由于资源组织缺乏有效的排序方式,在浩瀚的资源库中找到自己满意的图片素材是一件比较困难的事情。

(2) 视频类:优酷、土豆等视频网站

优酷网(http://www.youku.com/)和土豆网(http://www.tudou.com/)等一些视频网站是中国网民比较常用的视频网站,这些网站资源丰富、内容繁多,但必须具备良好的信息检索能力才能快速地在这些网站中找到满意的资源。另外,下载这些视频资源必须要安装其相应的客户端,在这里教师可以使用硕鼠或者维棠下载器进行下载,这两个下载器无需安装视频网站相应的客户端就可以下载多个门户网站中的大部分视频资源。

(二) 理科学科常用教学工具的特点

1. 交互式电子白板

交互式电子白板可以与电脑进行信息通讯,将电子白板连接到电脑,并利用投影仪将电脑上的内容投影到电子白板屏幕上,在专门的应用程序的支持下,可以构造一个大屏幕、交互式的协作会议或教学环境,使用者触碰电子白板板面即可操控电脑。白板系统为每个学科准备了大量的学科素材,教师根据自己特定的教学设计和目标,应用资源库中的素材形成自己的教案,白板技术使教师应用资源库中的资源自我生成数字化教案的过程变得非常方便。由于白板系统兼容微软的各种软件应用,所以,教师还可以在白板上直接上网寻找课程资源。另外,其独有的拖放功能、照相功能、隐藏功能、拉幕功能、涂色功能、匹配功能、即时反馈功能等,提高了视觉效果,更加有利于激发学生的兴趣,调动学生积极参与学习过程。

2. 概念图

概念图是一种用来组织和表达知识的工具,简单地说,就是将不同的概念放在圆圈或是方框中,用连线连接相关的概念,连线上标明两个概念之间的意义及关系,其关键在于能产生创造性的思维,具有直观性。制作概念图的工具可以是纸笔,也可以是粉笔,随着教学的深入,补充概念图,能让学生更加清晰地了解内容。概念图能促进学生知识结构的建造,将新旧知识更直观地展现出来,激发学生的学习兴趣,提高学生的阅读能力,提高课堂效率。通过介绍概念图的定义,阐述了概念图在理科实际教学中的应用效果。概念图是根据奥苏贝尔的有意义学习理论建立的一种用来帮助学习者建立整合的、结构化的知识教学工具,它以图形来表征知识结构,使思维具有可视化的功能,它的知识结构比较清晰,有利于学习者进行有意义学习和有效迁移。目前国内常用的概念图软件都是国外软件的汉化版,中国本土研究开发的概念图软件比较少,在一线教学中比较常见的概念图工具有 MindManager、InSpiration、XMind、MindMapper 和 FreeMind 等软件。

[案例片段解析]

在化学新课中运用概念图对《构成物质的微粒》进行系统的讲解。

《构成物质的微粒》是从微观的角度去认识物质。课本中主要介绍分子、原子、离子等微粒;分子的三个性质:有空隙、不断运动、分子很小;原子包括原子核和核外电子,其中原子核还包括中子和质子等知识点。思维导图把整个课本知识点用图画的层级关系展现在我们面前。

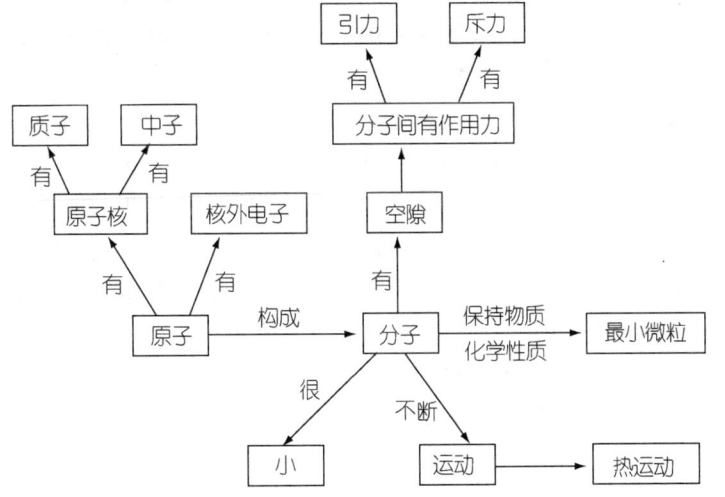

【设计意图】 思维导图运用图文并重的技巧，把各级主题的关系用相互隶属与相关的层级图表现出来，把主题关键词与图像、颜色等建立记忆链接，使学生在大脑中形成完整的知识体系，避免纯粹的孤立地对概念进行记忆。

提示： 在教学过程中，教师利用概念图帮助学生理清文章思路，掌握说明的顺序。

二、数字教育资源及学科教学工具在理科课堂讲授中的作用

在理科教学实践中运用数字资源和学科教学工具，使它们与传统教学手段有机结合、相辅相成，学生在学习过程中获取的信息能成倍地增加，并在此基础上充分发挥其功能和优势，构成教学信息的高效传输和反馈，从而有效地帮助学生掌握学科知识、学科联系等，从而达到教学最优化的境界。创造数字化的学习环境，把数字化教学资源和学习方式纳入到理科教学过程中，使学生以更富有创意、更生动的方式进行学习，从而达到培养学生创新精神和创造能力的教育目标。同时，把数字资源运用到理科教学中无疑是一个最富有创造力的应用课题之一。具体说来，数字资源和学科教学工具在课堂讲授中的主要作用主要体现在以下几个方面：

（一）丰富了教学资源，增加了课堂容量

传统课堂上学生获取的知识主要来源于教师的口耳相传和教材教参，学生接受的知识非常有限，而数字教育资源不再局限于传统的文字与图片，将视频、动画等多种形式的素材引入课堂，能够有效地丰富课堂的教育资源，由于数字资源反映的节奏快、密度高，能够在短时间内呈现给学生大量的信息，可以有效地拓展学生的知识面，增加课堂容量。

（二）有助于辅助呈现教学内容，改变教学内容的呈现方式，从而激发学生的学习兴趣

教育心理学研究表明：学习动机中最现实、最活跃的因素是认识的兴趣，人们在满怀兴趣的情况下所学的一切，常常掌握得迅速而又牢固。兴趣是一个人积极探究某种事物或爱好某种活动的倾向，积极的思维建立在浓厚的学习兴趣和丰富的情感基础上，正如爱因斯坦所说"兴趣是最好的老师"。利用数字资源教学以其鲜明的图像、生动的形象、灵活多变的放映特点和媒体丰富的表现、交互功能引起学生的注意，新颖的手段最大限度地展现学生的联想思维，丰富的资源最大限度地满足学生的需求，非常符合学生的心理特征，能够充分满足他们的心理需求，从而很好地激发了他们的学习兴趣。如在《燕子》一课的教学中，利用课前5分钟，放映燕子的图片……深深地感染了学生，吸引了他们的注意力。在随后播放《燕子》这一课的课件中，学生都能专心致志地注意课件中的每一个环节，在渴望知道悬念的气氛中，使学生的注意力和教学内容成了一种最佳的结合状态。然后我们来学习这篇课文，学生的好奇心理和求知的欲望溢于言表。这充分说明数字资源的运用能把学生的认识过程、情感过程、意志过程统一到教学中，激发了学生的内部学习动机，促使他们自觉地学习，使教学达到事半功倍的效果。

传统的课堂教学内容的呈现主要是依赖粉笔和黑板，学生只能通过教师的讲授被动地接受教学内容，教学手段比较单一，现代技术手段的引入彻底改变了这种状况，数字

教育资源可以将音乐、视频、新闻、图片、动画等多种元素融入课堂教学中，能够刺激学生的感官系统，有效地加深学生的记忆，并且能够激发学生的学习兴趣，为课堂增加生机与活力，保证课堂教学的效果。

（三）有助于突破教学重难点，优化教学过程

在传统的理科教学中，如何突出教学重点、突破教学难点的实际操作往往会碰到难题。教师受年龄增长等因素的影响，往往对某些课外知识的了解会一知半解，虽然丰富的教学经验在一定程度上弥补了示范不规范所带来的影响，但还是会给学生的学习带来困难。在某些技术内容上，教师无法"逐帧"示范，往往造成学生对概念的理解模糊，甚至错误。每当遇到这种情况时，教师常会感到无奈又无策，而数字资源正是解决这些问题的最佳工具，利用其灵活的动静、快慢、连间、重分等变换功能，可以把讲了半天还不一定讲清楚的重点、难点问题在几分钟内加以解决。使教学的重点、难点由抽象变得形象，由微观变得"宏观"，使学生正确地领悟学习的重点，又节约了教学时间，从而真正提高了教学效率。

如在讲授《摩擦力》这一课时，可利用已有的数字资源，将生活中的摩擦力实例在PPT上播放，让学生观看，让学生感知。现在有了数字化的教学资源，就可以用丰富多彩的课件展示出来，使学生很快理解主要内容，教学难点迎刃而解。这样，利用数字资源教学既可弥补感性材料不足的缺陷，又调动了学生的感觉直观功能，从而帮助学生更快、更好地掌握动作技术的难点和重点。这样教学动作技术不仅准确、规范，而且教师教得轻松，学生学得有趣。由于数字教育资源直观、生动的特点可以极大地强化学生的感知，帮助学生发展思维能力和想象能力，更有效地解决教师在教学中用语言难以讲清的重点，可以突破难点，有效地优化教学过程。

（四）有助于构建自主、探究、合作的新型课堂，能够给学生提供丰富的学习机会和个性化的学习体验

在新课程标准下，在理科教学内容的选择上，将突破以往所规定的内容，更加注重内容要符合学生的身心发展特征，更关注内容的实效性、科学性和趣味性，一切有利于提高学生健康和激发学生阅读兴趣的内容都应该成为理科教学的内容，把学习的主动权交给学生，给学生充分的选择机会和发展空间，让学生按照自己的爱好和兴趣来确定自己的学习内容和学习方法。传统教育是以课堂、教师、书本为"中心"，教育活动过程主要由教师推动，以整齐划一为特点进行集体化教学。技术支持条件下的教育给学生提供了更加多样的学习方式及更加丰富的学习资源，如课堂视听方式、个别化学习方式、远距离传播方式、网上交互方式等。传统的教与学的关系将改变，教师在教学过程中的主要任务变成组织、引导、帮助、督促学生学习，而教学过程将逐步被学习过程取代，"以学生为主"的探索性学习方式将成为主要方式。数字教育资源和学科教学工具的引入有助于构建自主、合作、探究的新型课堂，能够给学生提供丰富的学习机会和个性化的学习体验。

教师可在网上提供多种课件及教案。学生根据自己的喜好选择练习的内容和方法。除了对传统教材的内容进行改造外，随着社会的进步、物质生活水平的提高以及理科教学的蓬勃发展，新兴的内容不断涌现。青少年喜欢天真的童话故事，通过校园网和数字

资源库,让他们获取这方面的知识,从而给理科教学带来无限的魅力。

小组讨论

1. 以小组为单位谈一谈自己在使用学科教学工具的过程中遇到的问题及相应的解决方法。在学习小组内,谈一谈自己使用数字教育资源和学科教学工具的心得。

2. 以小组为单位交流、探讨在使用数字教育资源和学科教学工具的过程中应该注意的问题。

实践活动

结合自身的学习,利用学科教学工具设计《全等三角形的判定》的讲授环节。

活动三 技术支持的课堂讲授的策略与应用方法

理论导学

一、技术支持的课堂讲授在理科教学中的策略

理科课程目标从知识与能力、过程与方法、情感态度与价值观三个方面进行设计,主要着眼于学科素养的整体提高。在技术支持环境下不同的学科、不同的教学内容选择的数字教学资源和学科教学工具也各有侧重,下面将以数学课程为例根据这些不同的教学内容分别陈述其相应的教学资源的选择策略。

数学课程致力于培养学生的数学知识运用能力,提升学生的综合素养,为学好其他课程打下基础,为学生形成正确的世界观、人生观、价值观,形成良好个性和健全人格打下基础,为学生的全面发展和终身发展打下基础。数学课程对继承和中发扬中华民族悠久的文化传统,学习国际先进的文化知识,都具有不可替代的作用。

(一)基本运算能力

所谓基本运算能力是指不仅会根据法则、公式等正确地运算,而且能理解运算的算理,能根据题目条件寻求合理简捷的运算途径,能驾驭非繁复的数学运算的能力。检测基本运算能力的方面有:①实数运算;②代数式运算(包括整式、分式、根式运算);③因式分解;④指数运算;⑤与函数有关的运算;⑥锐角三角形运算;⑦解方程及列方程解应用题;⑧解一元一次不等式及一元一次不等式组;⑨最基本的几何计算。对基本运算能力的要求是:正确、合理、迅速,要有扎实的基本功。

教师应尽可能地采用直观、生动、丰富的教学资源,采用现代化的教学手段可以让教学内容由抽象变得形象直观,将教学任务以文字、图片、音频、视频等多种形式展示出来以吸引学生的学习兴趣,在具体的基本运算能力教学中可采用以下策略提高学生的学习效率。

1. 情境引入，激发兴趣

由于认知习惯特征，大部分学生都喜欢在丰富多彩的课堂情境中学习，利用多媒体课件就可以很好地实现这一目的，激发学生的学习兴趣。如在讲授新的运算方法时，可利用多媒体课件模拟讲授环节，这样就可以激发学生的学习热情，提高学习环节的效率。

2. 游戏学习，快乐记忆

由于特有的认知特点和心理特征，中小学生都喜欢玩游戏，将教育游戏引入教学实现了寓教于乐的目的，教育游戏和计算教学相结合，必然能激发出学生的学习热情，"青蛙跳伞"、"摘苹果"等小游戏教学以其形象性、多样性、新颖性、趣味性、直观性、丰富性等特点，大大激发了学生学习数学的兴趣，使学生达到乐学、善学、活学的境界。

（二）基本的思维能力

所谓基本的思维能力是指会观察、比较、分析、综合、抽象和概括，会用归纳、演绎和类比进行推理，能准确地阐述自己的思想和观点，形成良好的思维品质。初中阶段，基本的逻辑推理能力是思维能力的主要构成成分。基本的逻辑推理能力主要是指这样一种能力：对不需添置辅助线或只添置常用辅助线（这种辅助线在教材中明显出现过）便可证明的基本几何证明题，能够用分析法寻求证题思路，并用综合法写出证题过程。这类基本证明题主要是证明线段、角的相等，直线的垂直关系、平行关系，三角形的全等或相似关系，或证明图形是平行四边形（包括矩形、菱形、正方形）、梯形（包括等腰梯形、直角梯形），以及证明线段的比例关系、直线和圆的相切关系，等等。对基本逻辑推理能力的要求是：逻辑关系表达清楚、简洁，"关节点"交代清楚，不跳关键步子，推理的依据应是九年制义务教育初中数学教材范围内的定义、公理、定理。传统的灌输式的教学方式严重肢解了数学学科的思维性，数字教育资源则以自身特有的优势创新了传统教学手段，它整合了文、图、声、画、影等现代技术，有效地与数学教学相结合，让数学课堂讲授变得多姿多彩，让数学学科真正做到了知识性和工具性的统一，在课堂教学中可采用以下策略提高课堂教学效果。

1. 利用数学工具辅助学习《平行四边形》，体会动手学数学的快乐

【教学实例】

（1）鼓励学生利用"几何画板"操作试验，并提示学生对自己的作法要能够说明理由；

（2）教师巡视，对个别学生提出建议。

学生活动：学生动手操作，并尝试不同方案。

2. 展开讨论，交流创新

【教学实例】

设计意图：通过师生、生生的相互补充评价，将探究活动引向深入，强化学生的创新思维训练。

（1）让各小组选一名代表介绍他们的画法，教师切换屏幕展示；

(2) 要判定刚才画出的四边形是不是平行四边形，并加以证明。

教师引导学生对画法作出口头证明。学生用一句话来概括自己的结论，其他小组评价是否恰当。（板书本节课题及判定定理）

学生活动：

（1）学生先自主探究然后按小组进行讨论交流；

（2）学生可能的画法有：

① 分别过点 A、C 作 BC、AB 的平行线，两平行线相交于点 D；

② 过点 A 作 BC 的平行线，再在这条平行线上截取 $AD=BC$，连接 CD；

③ 分别以点 A、C 为圆心，以 AB、BC 的长为半径画弧，两弧相交于点 D，连接 AD、CD。

还有一种画法，学生不易想到，即由平行四边形对角线的特性，引导学生取 AC 的中点 O，连接 BO，并延长 BO 至点 D，使 $BO=DO$，连接 AD、CD。

3．教师质疑，深入思考

【教学实例】

提问：

（1）一组对边相等、一组对边平行的四边形是平行四边形吗？

（2）两组对角分别相等的四边形是平行四边形吗？

（3）两条对角线相等的四边形是平行四边形吗？

学生活动：学生展开讨论，进行判断。

"对两组对角分别相等的四边形是平行四边形"这一命题由教师板书并说明：判断四边形是平行四边形的方法还有很多，但若作为判定定理必须使用简便。

设计意图：

分析问题是培养、训练学生运用所学的知识解决实际问题的过程。

4．逻辑证明，验证命题

【教学实例】

选取命题之一进行证明：

命题：一组对边平行且相等的四边形是平行四边形。

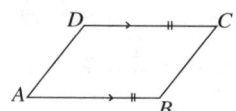

已知：$AB\parallel CD$，$AB=CD$。

求证：四边形 $ABCD$ 是平行四边形。

学生活动：学生完成证明过程，请一名学生板演过程。

证明结束后，强调应对定理的文字语言、图形语言、几何语言对照记忆。

设计意图：上述作法都是学生口头证明的。分清题设和结论，写出已知、求证及证明过程既是对猜想的理性思考，又是对学生逻辑思维能力的培养，亦会加深对定理的理解。

5．在线测试，巩固提高

【教学实例】

（1）进入 V—Class 教学平台；

（2）教师依据反馈情况进行评价；

（3）已知：如图，□ABCD 中，AC 是对角线，AE、CF 分别是∠BAD 和∠BCD 的角平分线。求证：四边形 AECF 是平行四边形。

设计意图：通过练习，检测学生对知识的掌握情况，训练学生运用学过的知识解决实际问题的能力，是对学生解题思路条理化、系统化的过程。

及时解决练习中学生存在的问题，及时反馈，及时矫正，力求在 45 分钟内完成教学任务。

[**案例片段解析**]

要求学生利用思维导图对《平行四边形》进行梳理。

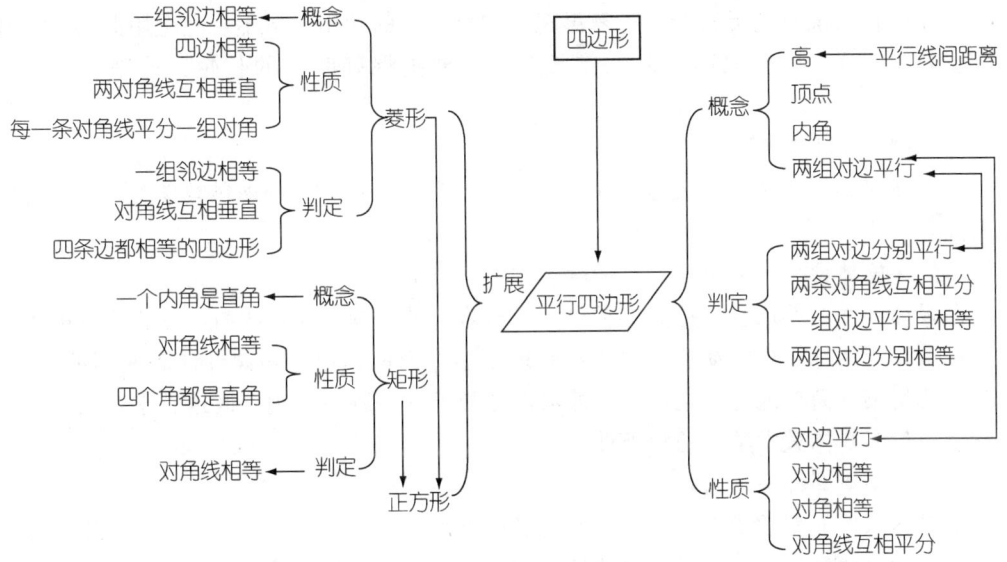

在学习了平行四边形之后，学生们肯定会发现由平行四边形到菱形、矩形、正方形的变化过程，及时让学生画出概念图并加以梳理总结，可以加深知识印象，辅助逻辑推理思维的培养。

【设计意图】思维导图运用图文并重的技巧，把各级主题的关系用相互隶属与相关的层级图表现出来，将主题关键词与图像、颜色等建立记忆链接，思维导图充分运用左右脑的机能，利用记忆、阅读、思维的规律，协助人们在科学与艺术、逻辑与想象之间平衡发展，从而开启人类大脑的无限潜能。

提示：这是一种带有理性色彩的课堂学习活动，它所养成的是一种分类整理的能力及习惯。这种能力及习惯训练得越早，学生对课文材料归类的意识就越强。而"归类"则是"研究性学习"的重要技能之一，能更好地引导学生进行自主探究。

二、技术支持的课堂讲授在理科教学中的应用方法

（一）数字教育资源在理科课堂讲授中的应用方法

1．微视频

微视频是短则 30 秒、长则不超过 20 分钟、内容广泛、视频形态多样、可通过多种

理科
学科教学与信息技术应用

视频终端摄录或播放的视频短片的统称。短、快、精、大众参与性、随时随地、随意性是微视频的最大特点，比较适合理科课堂教学。在应用微视频时教师需要注意以下几点：

（1）微视频必须着眼于理科的教学目标，围绕教学内容，遵循教学规律，具有教学性。

（2）编制微视频要精心选题，考虑学科差异和教学内容差异，力求教学信息的多向传递，不能淡化文字兴趣，不能限制学生高级思维能力的发展。

（3）利用微视频教学可以优化学科教学，但不宜单一使用，要把微视频和传统教学相结合，两者相互补充，选择最佳作用点，把握最佳时机，使微视频发挥传统教学不可替代的作用，解决教学中的重难点问题。

（4）微视频虽有视听结合、重复再现、省时省力的功用，但不可完全用此替代教师的课堂教学。在运用微视频开展课堂教学时，要把握好时间的长短，控制好定格或重播。

2. 多媒体课件

为了使多媒体课件更有效地发挥作用，运用多媒体课件进行理科教学时，应注意以下几点：

（1）多媒体课件要突出重点、适度运用

多媒体课件的使用应坚持突出重点、突破难点的原则，把传统教学手段难以解决的知识难点，利用计算机的动态模拟技术展现在学生面前，这样的课件才有使用的价值。否则，若将书本简单地电子化，就会冲淡课堂教学的主题，不利于改进教学，反而会挫伤学生通过多媒体教学学习的积极性。

（2）多媒体课件呈现内容要适量

多媒体课件的教学意义在于能够创设形象直观、内容丰富的学习情景，优化学习过程，提高学习效果。运用多媒体课件教学能有效地增加课堂容量，但运用多媒体教学的基本目的在于使学习者实现有效的学习，若课堂教学信息量过大，超出了学生个体处理和利用信息的能力，容易造成学生的心理压力，信息超载容易造成学习倦怠，降低学习兴趣，因此，教师在教学过程中，要根据教学需要及学生的认知水平和心理特征合理控制教学信息量。

（3）要注意和传统教学相结合

现代技术手段只有和传统教育技法取长补短、优势互补，才能真正促进教育的快速发展。多媒体固然有其他媒体无法比拟的优越性，但其他常规媒体的许多特色功能也不容忽视。教学媒体的采用也要根据教学内容及教学目标来选择。不同的教学内容及教学目标可选择不同的教学媒体。

（4）多媒体课件的运用要注意发挥教师的主导作用，坚持以人为本

在整个教学过程中，教师切忌单纯地操纵机器。在课堂教学中应充分发挥教师的主导作用，通过富有情趣的讲解和师生之间的相互交互，调动学生积极参与教学。这种良好的教学效果以及对学生心理产生的正面效应，是任何形式的电子媒体所不能替代的。课件的运用要体现以人为本的思想，通过教师和学生之间的交流合作，真正提高课堂教

学效果。

3. 素材类资源

素材类资源在理科教学中应用得越来越普遍，应用的有效性也越来越受到重视，如何提高素材类资源在课堂教学中应用的有效性已成为众多一线教师关注的热点问题，下面将阐述一下提高素材类资源在理科课堂应用中的有效性的具体策略。

（1）资源的选择不仅要考虑资源类型，更要结合教学目标和教学内容，并且要考虑实际的教学需要

网络资源的突飞猛进使得教学资源的数量呈爆炸式增加，但与此同时，教学资源也出现了良莠不齐、鱼龙混杂的局面。如何在众多的素材中筛选出适合课堂讲授需要的资源已经成为困扰很多一线教师的问题，在对教学资源进行选择时不仅要考虑资源类型，还要考虑资源内容，切忌盲目选择。关于资源类型的选择，一般认为动态的文本比单一呈现的文本更具有刺激性，而图片所创设的情境更优于文本的效果，动画、音视频的应用能更好地使师生互动，能直观、动态、准确形象地传递信息。在选择资源时，要注意精挑细选，仔细斟酌，做到能用视频的不用图片，能用图片的则往往遗弃文本。这样的资源选择能够保证获取的资源是最好的。

关于资源内容的选择，要注意结合教学目标和教学内容，并且要考虑到实际的教学需要，所选的资源内容要能最好的呈现教学内容，最有效地激发学生的学习兴趣，激发学生的学习动机，并能最大限度地提高学生的积极性和主动性，能让人产生参与学习、主动学习的冲动。

（2）资源的应用要适时、适度和适量

优质的素材资源对理科课堂教学的影响越来越大，但它们只能是教育教学的辅助手段，不能把教学全托付给它们，不能用各种素材资源代替教师对教学问题的深度剖析，更不能用它取代学生的探究活动。各种素材资源的应用要适时、适度和适量，所谓适时是指教师要把握资源应用的时机，既不能一概不用，也不可满堂使用。恰到好处的使用既能激发学生的学习兴趣，突出学习重难点，又能调动学生的积极性。所谓适度是指在教学过程中不能过多地依赖各种素材资源，应该引导学生分析、思考、互动、生成与创新。所谓适量是指教师要控制素材资源传递的信息量，无关的动画、与课题不相干的图片、多余的音视频等可能对学生产生误导，不利于学生知识的建构和技能的提升，因此要及时去除。

（3）素材资源的选择要考虑到学生的认知水平和心理特征

新型的课堂结构应该是教师主导、学生主体的一种结构，教师的教是为了最大限度地促进学生的学，因此，教师在教学过程中，不仅要关注如何教、教什么，还要更多地关注学生的学。教师要依据学生的认知水平和心理特征合理选择资源，低年级的学生比较倾向于视频、音频、动画等资源，而高年级的学生可以接受文字、图片等素材资源，教师根据学生的认知水平和心理特征选择素材资源，更能调动学生学习的积极性，从而提高课堂参与度。

（二）学科教学工具在理科课堂讲授中的应用方法

学科教学工具由于其优秀的表现力和较强的互动性已经成为重要的教学手段之一。

在实际的理科课堂教学中，理科教学工具的应用要注意一定的方法才能取得良好的教学效果，具体体现在以下几点：

1. 学科教学软件的选择不仅要考虑学习者的认知水平和年龄特征，也要考虑到学科内容和教学目标

在教育领域中也产生了一系列的教学软件，在教学中应用教学软件提高教学效果的前提是必须要选择好适用的教学软件，当前教育软件纷繁多样，如概念图软件就有MindManager和InSpiration等，选择合适的教学软件不仅要考虑学生的认知水平、年龄特征及软件的界面风格等，更要考虑学科内容和本节课的教学目标，许多教学软件只能应用在相关学科中，如几何画板只适用于数学学科。经过筛选选用的教学软件更符合学生的学习风格和学科特点，才能真正提高课堂教学效果。

2. 要注意将软件应用和教师讲解相结合

课堂教学的目的在于提高学生的学习效果，教学软件只是教学辅助手段，如果过分关注软件的操作而忽略了教师的引导作用，整个课堂的教学效果就会大打折扣，因此在利用教学软件进行课堂教学时要注意和讲解相结合，充分发挥教师的主导作用，通过师生交互、人机交互，充分调动学生积极地参与教学。

小组讨论

1. 在学习小组内，讨论在教学过程中如何使用学科教学工具才能更好地提高教学效果。
2. 以小组为单位采用头脑风暴的方式谈一谈如何才能最大限度地发挥数字教育资源在课堂教学中的作用。
3. 如果多媒体课件中的视频无法正常播放，面对这种因技术故障引发的意外状况，您会如何应对？

实践活动

1. 结合自身所授学科，选择某一节课，制作多媒体课件。
2. 结合自身所授学科，利用概念图软件，创设教学情境。

专题三 技术支持的学生技能训练与指导

在本专题的学习中，您要努力达到如下目标：

1. 教师能够从多种途径获得数字化资源，并能按需合理选用，使用合理的技术工具加工、整合、开发数字化资源，在不同的设备和软件工具之间，流畅地转换和衔接，具有信息道德与信息安全意识，并能以身示范(《标准》C6、C7、C8、C9)；

2. 依据课程标准、学习目标和技术条件，选择适当的课堂教学方式并确定有利于运用信息技术提升教学质量的切入点，根据学生群体、技术条件与教学内容的特征选择适合的软件、工具及平台，选择、改编或开发有助于突破教学重、难点的数字化资源(《标准》C10、C11、C12)；

3. 利用技术手段创设启发式学习情境，促进学生互动、探究、深入思考，确保相关设备、资源与工具在课堂教学环境中的正常使用(《标准》C13、C14)；

4. 吸引并保持学生在应用信息技术时的兴趣与注意力(《标准》C16)。

学生技能训练与指导　数字教学资源　学科教学工具

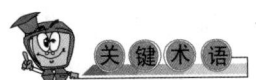

```
技术支持的学生技能训练与指导
├── 技术支持对培养学生技能的作用
│   ├── 理科教学中学生技能训练的认识
│   ├── 运用数字资源支持理科教学中理性思维技能训练
│   ├── 运用数字资源支持学生的探究性学习能力的训练
│   └── 利用数字资源探索新知，培养学生主动获取新知识的技能
└── 技术支持对培养学生技能的策略
    ├── PowerPoint课件在技能训练课程中的使用策略
    ├── 音、视频的使用策略
    ├── 微视频的使用策略
    ├── 电子白板的使用策略
    └── 教育游戏的使用策略
```

情境导入

自改革开放以来，我国的现代化建设日新月异，需要掌握的知识越来越多，真正进入"知识大爆炸"时代。然而在实际的教学过程中，我们的课堂教学涉及的实验及技能训练课中依然是"教教材"，属于教师演示性实验，表演性质的讲解，照本宣科，导致目标意识不清，缺少师生互动、学生参与的过程。长期以来，实验课教学普遍存在偏重实验的操作和动手能力，忽视对实验目的、原理的理解；强调按"本本"做实验，忽视独立探究能力和创新意识的培养。实验教学与能力培养脱钩，导致学生对实践的最初兴趣逐渐平淡，实践的探究功能将被淹没。

活动一 技术支持对培养学生技能的作用

理论导学

数字教育资源在理科学习技能训练中的作用如下：

一、理科教学中学生技能训练的认识

理科学习技能可以概括为运算技能、学科语言应用技能、识图作图技能、推理技能、数据处理技能等。要求学生掌握理科学习技能是为了培养学生的逻辑思维能力，从而提高解决问题的能力，在此过程中获得积极的情感体验，树立学科的学习自信心及正确的态度。

（一）必要的学科知识

离开学科知识的能力是不可想象的，轻易否认学科知识对学科学习的指导和促进作用，容易使学科教学走向非理性主义的误区。理科学习必定涉及逻辑知识学习，知识是一定要教的，但教什么知识、如何教需要我们认真研究。

（二）丰富的知识积累

理科学习的主要内容是具体的实例展示，所以理科学习必须让学生掌握一定的逻辑知识，在积累量的基础上产生质的飞跃。掌握基本的公式定理、熟练运用数学计算能力是学好理科的基础。

（三）熟练的推理技能

熟练的技能到了一定程度就成为一种能力。理科教学必须在大量的实例解析过程中，培养学生能审题、会审题、能解题、巧解题的基本能力，让学生学会运用多种解题方法和常见的思维方式，善于把自己独特的思维结果用规范的定理进行加工和解释，初步具备收集和处理信息的能力，能根据不同材料和不同要求解题，最终形成较强的解决

问题的能力。

（四）良好的学习习惯

理科教学必须牢记叶圣陶先生的名言："教是为了不需要教。"教学中要让学生掌握最基本的理科学习方法，培养学好理科知识的自信心，养成良好的学习习惯。如熟记公式的习惯、多种方法解决问题的习惯、认真听讲的习惯、步骤合理紧凑的习惯等。

（五）深厚的文化素养

理科教学要让学生受到高尚情操和趣味的熏陶，提高学生的科学品位和审美情趣，养成实事求是、崇尚真理的科学态度；培养学生热爱祖国科学发展的情感，领略中国古代理科文化的博大精深，吸收民族的文化智慧，尊重多元文化，吸收人类优秀文化的营养。

理科学习技能训练的内涵是非常丰富的，它绝不是一种纯粹的解题技能，而是一种综合的科学素养，尤其是要提高学生的思维能力，使学生获得积极的情感体验，树立良好的学习态度。

二、运用数字资源支持理科教学中理性思维技能训练

心理学研究表明，学生只要能对所学的材料产生浓厚的兴趣，就会引起大脑皮层的兴奋，促进各种智力因素的发挥，有成效地学习。

使用数字化资源手段辅助教学，可以增强教学的直观性，色彩鲜艳的多媒体幻灯片和内容丰富的影视资料，不但能够引起学生的兴趣和注意，使他们能够专注地学习，还能为他们提供语言情景，通过视听达到理解内容的目的。例如，时、分、24 小时计时法等教学内容，学生在学习之前就已经在生活中积累了一些感性的生活经验，但大部分学生往往都是知其然而不知其所以然。教学中，可以运用多媒体的音、形、像等功能，再现生活实际。如学习 24 小时计数法时，为了让学生掌握 24 小时内时针正好走了两圈这一知识点，可以先用摄像机摄取几组学生的生活画面，扫描进电脑，并给每个画面配有钟面，能看到时针分针在不停地转动。教学时，熟悉的画面、悦耳的音乐可以使学生赏心悦目，真切体会到一天有 24 小时，时针在钟面上走了两圈。愉悦的情绪使学生思维活跃，从而激发学习兴趣，有效地引导学生由感性向理性的转化，在无形中培养了学生的理性技能。

三、运用数字资源支持学生的探究性学习能力的训练

数字资源扩大了课堂教学的信息量，有利于培养学生的独立探索能力，提高课堂效率。传统教学一般都局限于课本和教师自己积累的课外知识，学生的可读量和接收的知识是十分有限的。但数字资源可以补充传统教学的缺陷，它知识面广、信息量大，能迅速而准确地呈现我们需要的信息和资料。与此同时，教师可以向学生介绍一些好的网站供学生选择，鼓励并引导学生运用网络来支持自己的探究性学习，进行交流。例如，在学习《圆的面积》一节时，要求学生对圆周率有所了解，上课前教师可以在网上搜索大量的资料让学生了解。如 1500 多年前，我国南北朝时期著名的数学家祖冲之算出了 π

的值在 3.1415926 和 3.1415927 之间，并且得到了 π 的两个分数形式的近似值：约率为 $\frac{22}{7}$，密率为 $\frac{355}{113}$。这一成就在世界上领先其他国家约 1000 年。祖冲之取得的这一非凡成果，正是基于对刘徽割圆术的继承与发展。学生了解这些知识的同时也感受到了我国的古代文化，培养了学好数学的自信心。

四、利用数字资源探索新知，培养学生主动获取新知识的技能

在课堂教学中运用数字资源动态演示，可以把知识的形成过程直观、生动、便捷地展示在学生面前，帮助学生掌握其内在的规律，完成知识构建。

整个学习过程可以发展为学生再发现、再创造的过程。在这个过程中，学生既体验了获取知识的乐趣，又从中学到了解决问题的策略，从而有效地培养了学生主动获取新知识的能力。总之，在信息技术飞速发展的今天，现代信息技术越来越多地应用于教育教学领域，在理科教学中恰当地选择运用数字资源进行教学，可使枯燥的内容趣味化、抽象的内容具体化，并能改变学生的学习方式，培养学生的思维，增进学生对数学知识的理解，发挥学生的主体作用，从而更好地优化课堂教学过程，提高教学质量，更重要的是，对学生的技能培养具有无可比拟的作用。

[案例片段解析]

在学生的技能训练中，要求学生使用互联网查阅学习线段、射线、直线的意义。

要求学生做到：

1. 了解什么是线段、什么是射线、什么是直线；
2. 学生要能用自己的语言表述三者之间的关系；
3. 学生自己在绘画板上展示如何由线段向射线和直线变化。

学生在教师的引导下逐渐学会使用互联网对课本中的基本知识进行查阅、理解，理解基本概念，并能初步总结出各概念之间的联系。

【设计意图】通过教师的引导，学生能自己运用互联网进行尝试性的探究性学习。

提示：在教学过程中，教师指导学生正确运用合理的电子工具熟练理解知识，引导学生进行自主探究。

小组讨论

小组合作探究、讨论数字化教学资源如何提高学生的技能。

实践活动

设计《字母表示数》一课提高学生的自主学习技能。

活动二 技术支持对培养学生技能的策略

理论导学

任何一种教学模式都有其特定的优势和局限，多媒体人机交互式教学使教学过程更加生动、直观、有趣，便于学生理解和记忆，提高了学习兴趣和学习效率。不同的网络教学资源需要不同的使用策略和方法。数字教育资源在理科学习技能训练中的使用策略如下：

一、PowerPoint 课件在技能训练课程中的使用策略

（一）PowerPoint 课件扩大课堂容量

PowerPoint 使教师有条件简便快捷地给学生补充一些辅助性教学内容。例如，讲《凸透镜成像》时可以将相机和幻灯片的成像原理做成课件在课堂上比较学习，讲化学的溶质溶剂时可以利用幻灯片进行直观展示。有的学生在学习测量物体的密度时，在做实验的过程中，可以将关键的细节拍成照片带到课堂上，供全班同学分析，找出实验的不足之处。像这类材料，以往多靠刻印或打印，费时、费力、费物。现在则只需把 U 盘插入电脑，打开即可，不仅方便省时，给学生的印象要鲜明得多、深刻得多。

运用 PowerPoint 备课和讲课不能缺少其他音像资料及实物教具。如讲《三视图》时，可通过视频展示台投影不同几何体不同面的图像，以此导入新课，使学生与书本上的知识点相交融。著名特级教师于漪说过："课的第一锤要敲在学生的心灵上，激起学生思想的浪花；或者像磁石一样，把学生牢牢地吸引住。"再如，讲一操作性较强的实验，可播放相关的视频起辅助作用，如生物课上利用显微镜观察细胞，或者讲青蛙解剖实验时，都可以将视频的操作过程播放给学生。现在基本上每个教室都配置了多媒体设备，保证了多媒体技术与理科教学随时、随机的结合，大大拓展了理科教学的空间，可以说是理科课堂教学由平面化到立体化的一次飞跃。

（二）合理演示 PPT 课件

在组织课堂活动的能力上，教师受制于课件和屏幕演示，缺乏灵活性，影响了教师教学水平的发挥，学生则完全被课件所驱使，成为机器的奴隶，以至于丧失自主学习和独立思考的能力。由于课件的加入，有的教师只顾埋头课件的操作和演示，忽视了与学生的沟通和互动，大大降低了学生的学习热情，未能实施有效的教学策略与方法。

多媒体技术教学综合了图、文、声、像等现代技术，有利于对知识的获取，能够极大地提高学生的学习兴趣和学习热情，但多媒体教学毕竟不是纯粹的娱乐，教师在教学过程中应遵循一定的教学指导思想和教学原则。媒体技术作为一种教学手段，归根到底是为教师的教和学生的学服务的，为此，多媒体技术的应用应与相应的教学活动有机结合起来，否则再华丽的课件也不会带来好的教学效果。

二、音、视频的使用策略

在以往的教学中，由于各种条件的限制，教师大多是以文字和少许图片的方式传授知识，不能把各种实验技术的基本原理、操作方法及技术要点直观、生动地展现给学生，许多学生对该门课程的学习兴趣不高。针对这一现状，利用多媒体视频的优势，用丰富的声音、运动的图像以及多彩的文字激发学生的好奇心和求知欲，可以直观、生动地展现各种实验技术的基本原理和实验流程，将有助于学生对专业知识的理解和掌握。使用音、视频教学时应注意以下几点：

（一）生动课堂，提高效率

声音影像表现直观生动，易于引起学生兴趣，能有效吸引学生的注意力。视频资料呈现的信息量更加丰富，由声音和图像叠加的动态系统，与其他教学手段相比，在相同的时间内可以让学生获得更多的信息。人的听觉记忆率是15％，视觉记忆率是25％，而视听并举的记忆率则达65％。视觉与听觉的有机结合有利于学生对所学知识的快速掌握。教师平时多收集各种可能用到的教学资源，使课堂生动起来，调动学生的积极性，自己也有上课的激情。

（二）重复的重要性

视频教学应加强师生互动，在进行视频教学过程中，要穿插一些启发式教学和互动式教学方式。如根据视频内容的进展不时停顿下来，对一些知识进行回顾、对一些重点内容加以强调、对一些疑问进行解释、对一些问题进行提问，这样才能在充分利用视频教学固有优势的基础上，既不会让学生在上课时走神，又可以启迪学生的思路，加深学生对知识的理解，使课堂教学发挥出更好的效果。

（三）适宜的视频长度

视频内容占授课内容的比例以10％～15％为宜。视频内容一般不宜超过5分钟，对于过长的视频在备课时应进行适当剪辑。音、视频教学不能取代教师的主导作用，在课堂上，教师应把握在教学中的主导地位和作用。视频教学表面上看是"形象"，但还是要落实到理论知识，由于理论有相当的抽象性和严密的逻辑性，可用形象化的视频来表述，但如果过多地追求利用视频，一个章节中每个知识点都用视频，就会使授课变为视频短片的串联，教师是轻松了，却失去了授课的本意，会削弱课程本身的思想和理论魅力。

例如，在讲授初中物理《测量平均速度》一课时，在文字中插入一幅小火车，再配上"飞驰"的声音，比起过去的一支粉笔一张嘴的确直观、生动得多。但令人遗憾的是，学生们很容易被这些"小把戏"所吸引，而分散了对授课内容的注意，以致喧宾夺主。"质胜文则野，文胜质则史。"现实迫使教师在制作课件时走向教学意识的回归，该用插图、声音的宜少而精，可用可不用的则坚决不用。从教育传播学的角度看，图像符号在传播教学信息上有一定的局限性，文字和语言的作用更应重视。PowerPoint绝不仅仅是为了好看、直观、生动，更重要的是，它可以加大课堂容量，增加知识密度，节省板书时间，使授课环节更紧凑，从而大大提高教学效率。

三、微视频的使用策略

随着网络的发展，微视频的发展也逐渐进入教室。微视频是视频的一种，但因其具有更微小、更适合教学的特点，故单独提出，使用微视频时要遵守以上多媒体视频的使用策略，也有本身的注意点。

（一）利用微视频的知识针对性

微视频的最大特点就是"短、快、精"，学习内容是微小的学习模块，针对性强。每个微视频也是相对独立的知识点或教学环节，并且配有醒目简洁的文字标题，学生可以根据自己的学习进度随时提取和观看视频，有效地学习相关技能知识的重点和难点。有了这些操作演示的微视频讲解，学生可以把所学的知识应用到生活中，一些学生也有了自己制作并分享不同操作演示步骤的微视频的想法，最终促成微视频学习资源库的建立，实现资源共享，这些易获取与易共享的特性就非常适应现代移动学习短、平、快的特点。

（二）充分利用微视频的视、听、说资源

微视频教学资源集图形、文字等视听觉信息功能为一体，能调动学生的多种感官，通过鲜明的视听形象和字幕的同时呈现，能有效刺激学生的大脑，发挥大脑接触、判断、存储、想象的作用，提高课堂教学效率。尤其是让学生给动画、图形等微视频资源"配音"能充分调动学生的视觉冲击，极易于学生接受和掌握新的语言材料与学习内容。微视频教学资源将情景性的场面形象、生动地呈现给学生，既可使课堂形象化、趣味化、交际化，也可淡化课堂意识，使学生处于听、说交际的舞台，在很大程度上激发学生的学习兴趣。

（三）适时地使用各种微视频

微视频的呈现时间要因具体的课型和微视频的类型而定，演示型的微视频一般多用于导入课、复习课的呈现。课前微视频教学资源的导入可以图、文、声并茂，内容可以是目的明确、针对性强的感性材料，甚至是形象生动的画面和悦耳动听的音乐。而交互型的微视频，就应该是活动课、思维训练和习题训练的最好选择。课中呈现可巩固教学重难点，增大课堂教学的密度和广度，有利于将抽象的知识教学形象化。反复地让学生操练新授内容，因其短小精悍，给学生留有更大的思考空间。课后呈现可复习、巩固和积累教学内容，微视频教学资源的练习可减轻学生的课后作业负担，提高课堂教学效率。在课堂的交互与生成中，学生的逻辑思维得到了更好的发展。

如在上《天体运动》一课时，可以将我国嫦娥号卫星发射的视频播放给学生，再配上合理的音乐，这样就能直观而贴切地导入这节课，学生也就带着问题开始了学习。

四、电子白板的使用策略

交互式电子白板要比一般多媒体课件更轻松、更有趣、更活跃。多媒体课件教学比较呆板，教师设计好后不能在屏幕上进行标注和随意书写，而交互式电子白板可以做到随写随画。这不仅为教师提供了更简单方便的操作和教学体验，也为学生呈现了清晰、良好、动态的视觉感受，同时也给课堂教学带来了更多的变化和活力。在使用电子白板

时需要注意以下几点：

（一）提高教师对电子白板的"控制"能力

大部分教师还没有掌握交互式电子白板环境下的教学设计方法，在教学设计时教师应该对教学的实施进行预设，制作的课件应该灵活可变，为课堂上的随机事件做准备。交互式电子白板的操作界面都是图形界面，操作简单，只要进行简单的培训，教师就能很好地使用这个平台，不会增加额外的学习负担。交互式电子白板生成的课件具有较大的灵活性。电子白板系统中还存在拍照功能、探照灯功能、幕布、放大镜、拖拽功能等教学辅助功能，对教学具有很大的帮助。

如在生物学《鸟》一课中，对于根据鸟的爪分析栖息地的教学，教师可以事先拍摄一些照片并加以细致分类，与书中展示的图片相对比，能很好地帮助学生理解栖息地与鸟类爪的特点。

（二）注意学生的差异性

新的技能训练教学方式发生了变化，给部分学生带来了适应的难题。交互式电子白板辅助教学过程中，学生需要面对更为复杂的、真实的技能训练情境，与过去的学习相比，承担了更多的技能学习任务，如自我管理、管理别人、协作学习、交流、总结与展示等，但学生是存在个体差异的，所以在实际的课堂学习过程中每一名学生的学习状态表现不同，能够真正达到技能训练的目标也不尽相同，尤其是对学习自觉性不高、学习能力不足的学生，要真正实现师生合作、生生合作比较困难，相反会使得他们手忙脚乱、无所适从。所以，教师在采用交互式电子白板辅助技能教学的同时，要为学生提供必要的指导和帮助，提供何种指导、进行何种形式的帮助教师要把握好尺度，并在教学中实行分层教学，尽量减少由于多媒体的使用给学生技能的获得带来不利影响。

教师设计的所有问题绝不能显得突兀、前后缺少联系，因为交互式电子白板呈现的一切信息都会汇集起来构成一个个蓄势待发的"场"，教师要善于抓住学生在那一瞬间产生的期待心理，巧妙地掌握提出问题的时机。

（三）培养学生的独立性

技能训练课程中，教师能够把课堂交给学生，通过教师的引导使学生主动思考、积极参与、努力探究的课堂教学会达到较好的效果。要让学生成为学习过程的主人，教师操作白板再熟练，若学生不会操作，白板的交互性便无法体现，导致教学中交互白板形同虚设。所以，交互式电子白板要充分发挥其交互性，要求学生必须会操作，起码要掌握基本的操作，充分发挥交互白板的交互性，让学生参与到教学活动中，体验学习的快乐，锻炼学生的动手能力，更主要的是通过学生自己操作来完成任务，可以激发学生的学习兴趣，增强学生与教学内容之间的互动，这样就能达到更好的教学效果，同时也自然而然地提高了学生的自主能力、动手能力、逻辑思维能力等。

（四）善用电子白板的自身功能

电子白板进入了教室，但教师一般是把交互式电子白板当作展示课件的工具，还是不熟悉怎么应用高级技术功能，如基于交互式电子白板的学习过程实时记录与分析系统、可视化与及时回馈系统等，这不仅影响了交互式电子白板在教学中的应用，也影响了学生的学习效率，这是造成交互性不能很好地在课堂教学中充分发挥功效的原因。电子白板中有自带的资源，在课堂上也可以生成新的资源，电子白板具有保存功能，对教师在课堂上的操作进行记录，然后保存在资源库中，在总结复习的时候，教师可以利用生成的资源进行复习，回顾以前学过的知识，课下，学生可以利用生成的资源进行复习，提高学习效率。应用电子白板的批注、拖拽功能有助于促进课堂的互动，应用电子白板的演示情境有助于学生将抽象问题具体化。

如在讲授《平移和旋转》这节课时，由于这一节课的内容是比较抽象和难懂的，传统课堂缺少具体的实例，教师把抽象的知识点灌输给学生后，学生脑海中无法理解抽象的知识点，为后续知识点的学习形成障碍。因此教师利用电子白板在上这节课时候，可以充分利用电子白板超强的资源库和拖拽、批注功能，使学生自己利用白板进行操作，教师可以起到一个辅助作用，让学生使用白板的电子笔、拖拽和批注功能。

五、教育游戏的使用策略

近些年来，教育游戏逐渐进入课堂，成为技能训练课程中有利的臂膀，例如，一些操作技能类的学习活动、一些强调角色扮演类的探究性学习活动吸引了学生的注意，更好地完成了教学任务。教育游戏说到底也是游戏，在课堂中使用应注意以下几点：

（一）教师对课堂的驾驭能力

虽然现在教师的信息化程度都比较高，对于文件的播放和游戏原则的理解都不难，但关键问题是不易控制课堂气氛，原因是学生长时间在传统课堂模式下学习，教育游戏的教学外部环境则在电脑机房中，再加上有相当一部分学生迫不及待地想去接触电脑游戏，而没有认真听教师所讲的游戏原则和注意事项，容易导致游戏的中断。这就对教师提出了更高的要求，在教学过程中要确保对学生的及时监督和引导。

（二）要注意正确定位教师的角色

在教育游戏的教学应用中，教师的角色是多重的，可以作为教学的指导者，帮助学生学习，成为学习活动的答疑解惑人，也可以是游戏环境的管理者，游戏环境就是学习环境，环境的管理不仅出于游戏的需要，也出于教学的需要，还可以是活动的裁判者，从游戏规则的制定到游戏过程监控再到结果评价，都是需要教师参与的事情，教师同时还可作为学习者参与学习活动，特别是在"在线教育"游戏中，教师跟学生一样也作为虚拟的学习者参与到游戏中。

（三）要有明确的技能训练目的

在教学中提倡采取游戏化教学，其目的在于更好、更有效地完成教学任务。如果在课堂上为了活跃课堂气氛，盲目地进行游戏教学，结果只能是徒劳的，于事无补。在进行游戏教学时，要将游戏目的与技能训练教学内容有机地结合起来，使游戏的每一步都围绕教学内容与教学目的展开，要科学地使用教育游戏，要根据教学内容的特点选择教育游戏，有些教学内容并不适合游戏化教学，因此不要勉强为之。有些内容适合游戏化教学就可以选择恰当的教育游戏，总之，要将游戏元素放在适合游戏表现的地方。如：

游戏1：《拼拼乐》

游戏目的：辅助学生学习《平行四边形和梯形》

游戏规则：（1）你能用两个同样的三角板拼出一个平行四边形吗？（2）用四个完全

一样的三角板能拼吗？规定 4 人小组合作拼，学生的积极性会空前高涨，一定能拼出正方形、长方形、平行四边形。学生们要把自己与别人的不同拼法展现出来。看起来一个十分简单的游戏让学生乐不思蜀，思维碰出绚丽多彩的火花。

游戏 2：可能性

游戏目的：教学生探索《可能性》

游戏实例：三年级《可能性》教学设计中，可以设计这样一个教学片段：游戏 1——抛硬币：介绍抛硬币的方法，四人一小组，组内一名小朋友向上抛硬币，其他小朋友猜正面朝上还是反面朝上。

学生在小组内进行游戏活动。

交流：刚才在抛硬币时，出现了哪些情况？

拿起一枚硬币，提问：如果老师把这枚硬币抛起，落下结果会怎样？（学生猜结果）

追问：一定是正面朝上或一定是背面朝上吗？（不一定）应该怎样说？（引导学生用"可能"、"也可能"说说游戏的结果）

学生在游戏的过程中，初步感受事件发生的不确定性，并尝试用"可能"等词汇进行表达，为后面的学习打好基础。

接下来可以设计游戏 2——摸球。

出示 3 个黄球、3 个红球，放在一起，从袋中任意摸球，结果会怎样？

示范：老师摸，学生记录摸出的球是什么颜色？

教师说明游戏规则，再让学生以小组为单位玩游戏。

提问：为什么会出现这一情况？

设问：如果从这个口袋任意摸一个球，一定是红球吗？

拿出装有 6 个红球的袋子，问：在这个袋子里任意摸一个球，结果会怎样？可能是其他颜色的球吗？

针对教学内容中的重难点：要初步学会用"一定"、"可能"、"不可能"等词语来描述生活中一些事情发生的可能性。教师与学生之间以及小组内学生之间的摸球、猜球游戏，再次使学生感受到事件发生的不确定性，这就把抽象的数学概念"可能"、"不可能"、"一定"等通过数学游戏的形式变得具体、形象，易于学生理解掌握。

[案例片段解析]

利用电子白板对北师大版小学数学《认识角》这一课进行合作探究，白板展示。

在合作学习的过程中，将学生分为若干小组，在每个小组内可让学生自主在白板中画出不同的角，使小组成员分工合作，提高合作学习的效率。在各小组的白板展示交流过程中，教师可以使用电子白板功能对各小组的结果进行即时的修改与评价，对于合作成果不够全面的地方，可随时调用白板资源库中的素材进行补充说明，帮助学生更好地理解。

【设计意图】通过交互式电子白板的使用及小组合作学习能激发学生的学习兴趣，明确学习目标。

提示：在教学过程中，教师可以尝试使用交互式电子白板并对学生进行分组，对其结果给予评价，增强小组学习的自主探究能力。

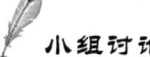

1. 分小组合作进行探究和讨论并搜集教育游戏,并按照适宜于不同学科的原则将其分类。

2. 访问下面网站,进一步了解电子白板的相关知识。

http://baike.baidu.com/view/200067.htm?fr=aladdin

设计《平移与旋转》教学课件,要求使用电子白板的功能辅助讲授新课。

理科
学科教学与信息技术应用

专题四 技术支持的总结与复习

学习目标

在本专题的学习中，您要努力达到如下目标：

1. 根据学生群体、技术条件与教学内容的特征选择适合的软件、工具及平台，并能在不同的设备和软件工具之间流畅地转换和衔接(《标准》C8,C11,C14)；

2. 依据课程标准、学习目标和技术条件，选择适当的课堂教学方式及合理的技术工具加工、整合、开发数字化资源(《标准》C7,C10)；

3. 选择、改编或开发有助于突破教学重、难点的数字化资源(《标准》C12)；

4. 利用技术手段创设启发式学习情境，促进学生互动、探究与深入思考(《标准》C13)。

关键术语

总结与复习　数字教育资源　学科教育工具　思维导图

内容导图

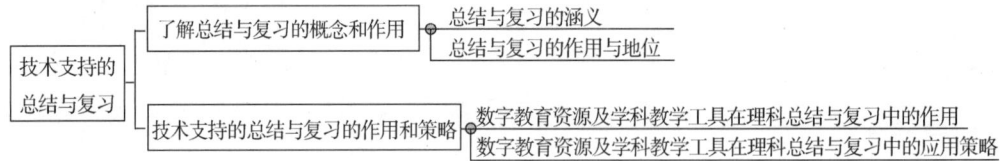

情境导入

总结与复习环节是整节课的点睛之笔，很多教师都是用较短的时间结束此环节，学生的注意力也下降到最低。教师如何提高整体课堂教学效果，充分发挥教育技术在课堂总结与复习环节中的作用，既能引导学生回顾本节课的中心内容还能够增强学习的兴趣，进一步激起学生探索求知的欲望呢？本专题将带领您寻找答案，帮助您提高总结与复习环节的效果。

活动一 了解总结与复习的概念和作用

理论导学

一、总结与复习的涵义

总结与复习是教学过程中帮助学生巩固与强化知识的重要环节。通过本专题课程的学习，教师能够更好地利用数字化资源与教学工具进行总结与复习。

课堂总结是对一节课知识的归纳总结及运用。课堂总结不是教材的简单重复，而是在教材的基础上，经过精心提炼和科学概括的再创造，是学生形成"立足教材知识"、"超越教材认识"的主要途径，是在完成某项教学任务的终了阶段，教师富有艺术性地对所学知识和技能进行归纳总结和转化升华的行为方式。课堂复习是把学过的知识再次学习，加以巩固和强化的过程。复习是一种重复，目的是为了巩固学习过的知识，强化和巩固记忆痕迹、防止遗忘的主要途径。课堂复习是使人们获得知识、技能的必不可少的手段。复习可以在课堂上进行，也可以通过学生的课外独立作业进行。

按照教学过程中各个阶段的不同要求，复习可以分为下列几种类型：

（一）学期学年开始的复习

目的在于重温过去学过的知识，给新学期、新学年开始的学习奠定良好基础。

（二）经常性复习

在日常教学的各个环节中，采取各种方式复习，使学生以已有的知识为基础，了解和接受新知识，并增强新知识的巩固。

（三）阶段复习

在学习完某一单元后的复习，目的在于使学生把这一阶段学习的内容连贯起来，使知识得到巩固、充实、提高。

（四）总复习

对全部教材内容进行总结性复习，使学生对它们之间的内在联系达到系统地、牢固地掌握，总复习通常在学期或学年考试之前进行。

复习是一种途径，目的在于强化和巩固记忆痕迹、防止遗忘；复习是一种手段，可使学习者获得知识、技能。不管是数学、物理、化学还是其他学科，按地点划分，复习可分为课堂复习和课后复习；按时间划分，复习可分为学期学年开始的复习、经常性复习、阶段复习和总复习。总起来说，课堂的总结与复习，是对知识进行归纳再次进行巩固学习的过程。

二、总结与复习的作用与地位

（一）总结与复习在教学活动中的作用

课堂复习是学习过程中比较重要的一个环节，它不仅能使所学的知识系统化，而且能加强对知识的理解、巩固与提高。课堂复习是为了解决各部分之间的联系问题，是一个综合性的学习过程。

1. 对知识的巩固，防止遗忘

复习在学习过程中起到了巩固知识、强化训练的作用，成为复习检查学过的知识，不仅是巩固学生掌握知识的手段之一，也能从中引出新的内容，便于新课的导入。人不具备长期的记忆力，所以复习的过程是强化知识的过程。德国心理学家艾宾浩斯（H. Ebbinghaus）研究发现了人的记忆曲线。人在刚刚接受知识时的记忆量是100%，20分钟后记忆量减半，一天后记忆量为33.7%，而六天后记忆量仅为21.1%。所以，教师要在学生接受了新知识但还没有大量遗忘的情况下，对学生习得的知识进行加强巩固复习，这样学生才能牢固地掌握知识。

2. 查漏补缺，弥补不足

对整体知识进行梳理，及时发现所学内容的不足与欠缺之处。有利于教师有针对性地了解学生掌握知识的情况，督促学生发现知识遗漏与不足。

3. 梳理知识，形成完整的知识系统

复习是一个对知识系统承上启下的过程，将新旧知识联系起来，便于掌握新知识。将每节课的知识进行及时回顾，每单元的知识及时梳理，每章节的知识及时归纳总结，必须把相关知识串联在一起，形成知识系统，描绘知识结构，形成知识网络，达到对知识和方法的整体把握。总之，复习的过程实质就是把知识形成系统，理顺知识之间联系的过程。

4. 培养学生的学习习惯

教师要引导学生进行有效的复习、记忆和操练，帮助学生加深和巩固对知识和技能的理解。复习的过程是培养学生良好学习习惯的过程，实现及时发现问题和及时解决问题的良好习惯。复习习惯一旦养成则有利于调动学生的学习兴趣，提高学习的积极性。

课堂总结与复习不应该是课堂教学中可有可无的环节，而是教学环节中至关重要的一环，应该是一节课的闪光点。总结与复习环节的关系既是独立的教学过程，又是相互联系的整体。总结是对学过知识的梳理，是对主要知识提炼的过程，而复习过程则是对知识加强的过程。没有提炼出知识的梗概环节，复习环节也无法继续进行。在进行课堂总结时，教师可以根据不同的教学情况及不同的课型精心设计课堂总结，内容上不能局限于课堂本身，还要注意课内与课外的沟通联系。这有助于激发学生探究的兴趣，引领学生自主探究。

（二）总结与复习在教学活动中的重要地位

课堂总结与复习是对一堂课教学的全课总结，是一节课不可或缺的重要环节。这一环节在课堂教学中起到了举足轻重的作用。一堂完整的、有序的课堂，总结过程占据了重要的地位。

教学总结与复习不仅能保持课堂教学的完整性，还有更多的价值。

（1）全课总结与复习不仅能引导学生回顾本节课的中心内容、总结收获，体验成功的喜悦，增强学习的兴趣，而且能把握住本节课的清晰主线、知识内容和所渗透的教学思想，为下一节课的学习打下坚实的基础。

（2）全课总结与复习能发现一些注意事项，为进一步的学习扫清障碍。

（3）全课总结与复习可以通过关注学生的情感和习惯，培养学生喜爱学习的情感，促进学生形成良好的学习习惯，消除学习中的不良情绪，让师生的情感交流贯穿教学的始终。

（4）通过精心设计一个新颖有趣、耐人寻味的课堂结尾，不仅能巩固新知识、调节疲劳、保持学习兴趣，还能进一步激起学生探索求知的欲望，活跃思维，在愉快的气氛中把课堂教学推向新的高潮，不断巩固和提高教学效果。

因此，总结的过程不仅是情感的提升，还是知识重构与连贯的过程。在课堂总结时可以由教师总结，或者学生自己进行总结，还可以由师生双方共同讨论归纳。

[案例片段解析]

运用思维导图总结出"平行四边形的面积"的求法、公式、意义和应用，帮助学生复习和记忆。

本节课是促进学生空间观念发展、扎实几何知识学习的重要环节。教材从数格子求面积的方法入手，引导学生把复杂的图形转化成相对简单的、熟悉的图形，初步感受"转化"这一数学思想的重要性，学生通过平移把平行四边形转化为长方形，初步感知平行四边形和长方形之间的关系，加深学生对图形转化的理解，激发学生参与探索的兴趣，并且通过把平行四边形转化为长方形得出平行四边形的面积计算公式，培养学生在实践活动中归纳总结和推理的能力。

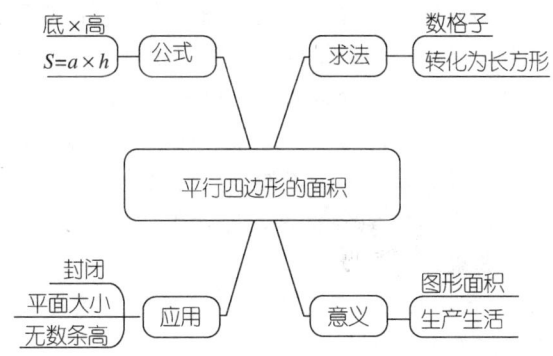

【设计意图】运用概念图能够清楚明了地帮助学生总结全课知识，教会学生学习的方法，理清知识间的联系和脉络，为今后的独立探索打下坚实的基础。应用思维导图便于学生识记。知识经过整理加工更有逻辑性和整体性。防止死记硬背，提高学生的学习兴趣。

提示：思维导图把《平行四边形的面积》的求法、公式、意义和应用组织成知识脉络，有利于学生复习理顺知识之间的联系。

小组讨论

1. 讨论怎样在总结与复习的过程中培养学生的自主性。

2. 教师应该如何设计总结与复习环节的教学内容，总结与复习环节应该达到怎样的效果？

用思维导图梳理"圆和圆的位置关系"。

活动二 技术支持的总结与复习的作用和策略

一、数字教育资源及学科教学工具在理科总结与复习中的作用

（一）数字教育资源、学科教学工具的多样性丰富了总结与复习环节的教学内容，激发了学生的学习兴趣

总结与复习环节一般是一节课中最后的环节，教学过程已经进行到一大半，学生大脑疲劳、注意力分散、思维迟钝、学习情绪降低。心理学研究表明：学习程度不够的材料容易遗忘，过度学习50％的材料保持得好一些。在学习活动中，倒摄抑制与前摄抑制对遗忘的影响是较为明显的。在学习中，中间部分常常遗忘，开头和结尾部分较为容易记住。所以总结与复习环节应该设置得更加精细、难忘。在单元和学期的总结与复习中，由于是总结复习学生已经学过的教学内容，学生很容易产生懒惰、注意力不集中的现象。传统的总结与复习环节只是教师带领学生口头总结回忆、或者运用板书回顾，不能够很好地提起学生的学习兴趣，课堂气氛沉闷。而数字教育资源及学科教学工具中生动的画面、动画、特技、声音效果以及清晰的信息可以使总结与复习变得更加生动、有趣，激发学生求知的欲望，理清学生的思路，使学生在愉快的气氛中把整节课推向高潮，达到"余音绕梁"的效果。

（二）数字教育资源、学科教学工具的超文本特性可实现对教学信息最有效的组织与管理，提高总结与复习环节的效果

总结与复习环节是单节课中最后的环节，一般占课堂全过程的5～10分钟，如何高效地帮助学生理清所学知识的层次结构，掌握其外在形式和内在联系，形成知识系列是传统教学中很难做到的。在单元总结复习和学期总结复习中，信息庞大、知识点零散而复杂，要总结出清晰明了的结构框架又要让学生容易接受和理解更是难上加难。数字教育资源、学科教学工具的超文本特性可以实现对教学信息最有效的组织与管理，能够将多种形式的素材以多种形式巧妙而生动地结合在一起，使学生更容易接受和理解，提高总结与复习环节的效果。在以下几种总结与复习的方式中，可按教学内容的要求，把包含不同教学特征的各种教学资料组成一个有机的整体。教学内容的每个单元均包含课文、练习、习题、测验、对测验的解答及相应的演示或实验等，把这些教学内容相关而

教学特征不同的教学资料有机地组织在一起，对总结与复习环节是大有好处的，利用超文本方式可以很自然而方便地实现这一点。但若按传统的线性、顺序方式把这些不同特征的教学内容组合在一起将成为杂乱无章、让人无法阅读的大杂烩。

可按学生的知识基础与水平把理科的知识分成不同的层次有机地组成整体。因材施教是优化教学过程的重要目标之一，但由于学生个体之间差异很大，要在传统的教材中同时满足基础较差学生、一般学生和优秀学生对教学内容的不同需求是做不到的，利用数字教育资源、学科教学工具却是轻而易举的事。

（三）数字教育资源、学科教学工具的丰富性和可重复利用性减轻了教师的工作量

每一节课的每一个环节都要求教师做到既要内容合理，又要形式多样，这就要求教师要花大量的时间和心思备课，准备教学设计和教学工具，教师的工作量非常大，但在网络共享时代，互联网上有丰富、优秀的数字教育资源和学科教学工具。教师的工作不再是自己挖空心思地去做每一个教学环节，只要在教学目标和学生特征分析的基础上制作教学设计，按照自己的教学设计在庞大的数据中选择合适的数字教育资源和学科教学工具。在总结与复习环节，教师可以在丰富的数字教育资源中找到需要的资源并将其进行整合、编排，而并非从零做起，把文字、图片、音频等搜索、编排、整合的过程。这就大大减轻了教师的负担，且资源具有可重复利用性，在总结与复习环节教师可以将新授环节的资源进行编排和整合重复利用。

如在《图形的平移》一课，在总结与复习环节可以根据本课所学内容，进行游戏通关设计，针对不同的图形设计难度逐步递增的试题，深化学生对平移的认识，让有能力的学生可以进一步提高，以游戏的方式对知识进行总结与复习，极大地激发了学生参与的积极性。

（四）数字教育资源、学科教学工具的交互性有利于激发学生的学习兴趣，能充分体现学习的主体作用

数字教育资源、学科教学工具可以产生一种新的图文并茂的、丰富多彩的人机交互方式，而且可以立即反馈。这样一种交互方式学习方式对教学过程具有重要意义，它能有效地激发学生的学习兴趣，使学生产生强烈的学习欲望，从而形成学习动机。此外，这种交互性还有利于发挥学生的主体作用。在传统的教学过程中一切都由教师主宰：教师自己总结，把框架摆在学生面前，然后就像临场考试一样进入复习阶段，学生只能被动地参与这个过程。数字教育资源、学科教学工具的交互性则可以让学生按照自己的学习基础、学习难点选择要复习的内容和适合自己水平的练习，学生在这样的交互式教学环境中有了主动参与的可能。按照认知学习理论的观点，人的认识不是外部刺激直接给予的，而是外部刺激与人的内部心理过程相互作用的产物。为了有效地认知，外部刺激是必要的，但起决定作用的还是人的内部心理过程。在教学过程中学生才是学习的主体，必须发挥学生的主动性、积极性，才能获得有效的认知，数字教育资源、学科教学工具的交互性所提供的多种主动参与活动就为学生主动性、积极性的发挥创造了良好条件，从而使学生能真正体现出在总结与复习环节中的主体作用。

（五）数字教育资源、学科教学工具提供外部刺激的多样性能提高总结与复习环节的效果

数字教育资源、学科教学工具的外部刺激不是单一的刺激，而是多种感官的综合刺激。这对知识的记忆与保持是非常重要的。实验心理学家赤瑞特拉作过两个著名的心理实验：一个是关于人类获取信息的来源，即人类主要通过哪些途径获取信息，他通过大量的实验证实，人类获取的信息83%来自视觉，11%来自听觉，这两个加起来就有94%，还有3.5%来自嗅觉，1.5%来自触觉，1%来自味觉。数字教育资源、学科教学工具的使用让总结与复习环节所呈现的知识既能看得见，又能听得见，还能用手操作。这样通过多种感官的刺激所获取的信息量，比单一地听老师讲课要强得多。信息和知识是密切相关的，获取大量的信息就可以掌握更多的知识。另一个是关于知识保持即记忆持久性的实验。结果是这样的：人们一般能记住自己阅读内容的10%，自己听到内容的20%，自己看到内容的30%，自己听到和看到内容的50%，在交流过程中自己所说内容的70%。这就是说，如果既能听到又能看到，再通过讨论、交流用自己的语言表达出来，知识的保持将大大优于传统教学的效果。这说明数字教育资源、学科教学工具应用于总结与复习环节不仅非常有利于知识的获取，而且非常有利于知识的保持。

[案例片段解析]

运用概念图总结出《物质的分类》复习课的分类图，帮助学生复习和记忆。

"物质的分类"是学习一些基础理论、元素化合物知识的基础，它贯穿初中化学的始终，对知识起到了承上启下、统领全局的作用。所以，它是初中化学教学的重点，也是历年中考的热点。由于其涉及20多个基本概念，而且知识点分散，相关题型多变，所以它又是初中化学教学的难点。

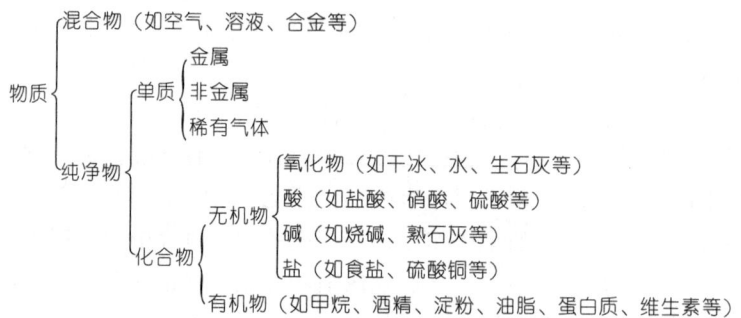

【设计意图】运用概念图构建的物质分类概念图（树状），能使知识结构化、条理化、系统化，有利于学生有效记忆知识、深刻理解概念。

提示：在制作概念图时要培养学生的主体性，最好由教师与学生共同完成。

二、数字教育资源及学科教学工具在理科总结与复习中的应用策略

（一）数字教育资源及学科教学工具在理科课堂总结与复习中的应用方法与策略

1. 数字教育资源在理科课堂总结与复习中的应用方法与策略

现阶段，大部分教学活动都广泛应用数字教学资源辅助教学，广大中小学教师应合

理应用数字教育资源提高课堂教学总结与复习环节在教学活动中的作用。"国家基础教育资源网"（http://www.cbern.gov.cn/）是专为我国广大中小学教师和学生提供丰富的教育教学资源信息和网络化学习的平台类门户网站。下面以"国家基础教育资源网"为例，介绍初中数学课堂总结与复习环节的应用方法与策略。

"国家基础教育资源网"按照中学数学"课标"、"教材"、"年级"、"学科"、"媒体"、"专题"等不同标准组织资源并以树形结构罗列。教师可以按资源浏览；可以按课标浏览，课标规定的单元学习内容或知识点，采用逐层递进的结构；可以按教材浏览，根据需要选择相应学科教材的版本与年级，若按年级浏览，应根据需要选择相应的学段年级，若按学科浏览，则根据需要选择学习领域、相应主题或目标要素；可以按媒体浏览，提供了各种媒体类型，可选择相应媒体和文件格式；还可以按专题浏览，可选择教育教学中专门研究或讨论的题目。课堂总结与复习是课堂教学的最后环节，所以利用这些资源对学生开展与加强思想品德、卫生、法制、安全、环保等教育是很有意义的。

还有其他教育资源网站，如中学数学教学资源网（http://www.gdmath.com/）、数学资源网（http://www.shuxue2013.com/）、数学学科网（http://sx.zxxk.com/）。如在对初中物理"透镜及其应用"单元进行教学设计时（人教版八年级上册），可登陆"国家基础教育资源网"网站，下载素材，素材内容包括单元分析、单元复习教学设计、重难点指导、单元复习课件和单元学习评价，其中课件内容包括知识网络、问题梳理、识记巩固和例题解析。可以让教师在单元设计时对整个单元内容有全面的把握。

2. 学科教学工具在理科课堂总结与复习中的应用方法与策略

（1）概念图在课堂总结与复习环节中的应用方法与策略

运用概念图带来的学习能力和清晰的思维方式会改善人的诸多行为表现，成倍提高学习速度，更快地学习新知识与复习整合旧知识，激发联想与创意，将各种零散的智慧、资源等融会贯通成为一个系统，形成系统地学习和思维的习惯。

概念图的绘制首先要选准一个知识领域，而且这个知识领域的概念要较为集中，或者以某个概念为指引能联系出相关的一系列概念，这样的知识领域比较适合概念图的绘制。至于那些浅显的、基本的、非专业领域的概念一般不必用概念图来表达，以免把简单的问题复杂化。其他的一些表达形式，如通过表格、图形、知识框架能解决的问题，没有必要一定要用概念图来解决。使用概念图来结束当节授课课程、做头脑风暴、设计组织结构图、记笔记、做课程总结，这是一个通向未来的必备工具。使用概念图来加强头脑风暴，开拓思维，可以让复杂的问题变得非常简单，简单到可以在一张纸上画出来，以看到问题的全部。

概念图是一个很好的发散性思维工具，学生可以根据自己原有的知识体系构建不同的概念图。建构主义认为，学习活动不是由教师向学生传递知识，而是学生根据外在信息，通过自己的背景知识，构建自己的知识的过程。在这个过程中，学生不是被动的信息吸收者和刺激接受者，而要对外部的信息进行选择和加工。每个学习者都以自己原有的经验系统为基础对新的信息进行编码，建构自己的理解，而原有的知识又因为新经验的进入而发生调整和改变，这个过程是别人无法替代的。所以，概念图的构建必然具有多样性，不是唯一的。绘制概念图要充分调动学生的创造性思维，发挥学生的创造力。随着问题的发展，学生可以几乎不费吹灰之力地在原有的基础上对问题加以延伸。概念图的设计要有简明的特征。概念图能充分体现学生的思维和才智，对某一学习内容会出现各种不同的理解，所以概念图的绘制宜简不宜繁，过分细小琐碎的概念不适合出现在概念图中。从心理学上讲，能迅速引起读者有意注意的刺激才是有效的刺激，这种刺激不仅指向明确而且具有集中性，能保证注意的对象得到比较鲜明和清晰的反映，并持续较长的时间。如果面对的是一张纷繁复杂的概念图，需要花费相当长的时间和精力去弄清作者的意图，反而会降低学习效率。

概念图的设计要有发展的特征。有了初步的概念图以后，随着学习的深入，学习者对原有知识的理解会逐渐加深和改变，所以，概念图应不断地修改和完善。如关于物体的运动的概念图，随着教学的进行，关于力学的概念图的构图会不断地丰富和完善。从另一层含义上说，概念图的发展性还体现在随着学习同一内容的不同时期，如总结、复习阶段或综合复习阶段，随着学生对概念掌握的不同程度，可以对前期制作的概念图不断地修改和完善，体现出学生对知识掌握的提升。

（2）PPT课件在课堂总结与复习环节中的应用方法与策略

PPT课件能演示播放音像、动画，具有交互功能，有利于突破教材重难点、活跃课堂气氛、调动学生参与的积极性、提高教学效果等。根据课堂总结与复习的教学需要，插入视频、声音、图片、图表等动画及其演示顺序，在进行课件的精心设计和组织过程中应注意做到以下几点：

第一，充分利用PowerPoint的超级链接命令，制作出形同板书的、能反映课堂总结重点内容的幻灯片。教师在制作课件时，或出于疏忽、或为了省事，课件常常是幻灯片按教学内容的顺序依次演示，缺少必要的链接和形同板书的、能反映课堂重点内容的幻灯片；对于总结与复习环节，在演示幻灯片与引导学生学习过程中，往往也没有将计算机辅助教学与传统教学方法（如板书等）相结合，结果导致学生在听课过程中，对所学内容很难形成系统的认识，很难准确把握所学内容的内在联系，不能形成一个明确的学习思路，进而不利于启发学生思维，培养学生能力，也不便于学生的课堂记录和课后复习。因此，制作出形同板书的、能反映课堂重点内容的幻灯片显得尤为重要。反映课堂重点内容的幻灯片在版面设计上，应当形同板书、纲目层次清楚、形式结构合理、布局匀称得体、内容准确无误、文字表达完整流畅、大小颜色适度，整张幻灯片不空不繁、不错不杂、清晰美观。为此，教师应当在深入钻研教材的基础上，根据教学目的认真构思、反复推敲、精心设计，或采用直观性强的框架结构式，或采用表格式等，然后再通过幻灯片超级链接命令，将各知识点与该知识点下的幻灯片进行链接，形成完整的知识结构，供学生系统地复习。

第二，合理选用超级链接按钮，力求链接按钮形式的统一性及其所代表含义的一致性。用PowerPoint制作课件，虽然较其他软件省时省力，但在课件的制作中还是需要花费大量时间和精力的，所制作的课件也不是一次使用，今后还要重复使用和修改完善；同时，一个人很难独立完成教材中所有课件的制作，需要与同行进行课件的交流和共享。因此，为了便于课件的使用，便于课件在同事间交流与共享、便于其他教师甚至学生使用，在课件制作过程中就必须充分考虑课件的可操作性。为此，在课件制作中要慎用隐藏按钮之类的交互响应方式，应选用合适的链接按钮，并且力求自己所使用的按钮在所有课件中具有的统一性、各个按钮所代表的含义具有一致性。如果一张幻灯片仅为一个一次展现的对象时，为防止链接按钮的出现干扰学生阅读图片，可使用隐藏按钮，效果会更好。课件中使用统一的链接按钮，且各个链接按钮所代表的含义始终一致，在课堂教学中不仅便于提示教师操作，而且也利于提醒学生以下幻灯片将要反映的重点内容，或提醒学生本张幻灯片与主题幻灯片某知识点的关联性，为知识的总结提供了便利条件。

第三，充分利用 PowerPoint 的"自定义动画"命令，合理安排同一张幻灯片中内容及链接按钮的呈现顺序和存现状态。在制作这些内容的幻灯片中，为了有利于学生边观察、边思考、边讨论，活跃课堂气氛，激发学生的求知欲，体现教师的主导作用，发挥学生的能动作用，培养学生的观察能力、想象能力、综合分析能力、解决问题的能力，促进学生思维的纵深发展，就必须根据自己关于相关图片在一张幻灯片中是同时出现还是叠加、每张图片附设的问题及其解释在授课中的呈现次序、归总图表及比较图表中的内容在授课中的呈现次序等各个方面的构思，充分利用 PowerPoint 的"自定义动画"命令，合理安排同一张幻灯片中内容和链接按钮的展现顺序和存现状态。例如，在具有知识点归总功能的主题幻灯片中，一张幻灯片中的知识点多且各知识点后都得设链接按钮，而每个知识点及其后附的链接按钮又需要根据授课过程按顺序呈现，同时，在幻灯片演示中，知识点后的链接按钮如果呈现后始终存留在幻灯片上，则会显得幻灯片内容混乱，干扰学生的视觉效果，导致主题幻灯片起不到突出教学重点和诱发学生系统内化所学知识的作用。为此，要合理设置对象的放映"顺序与时间"及放映"效果"等，使主题幻灯片的知识点及其后附链接按钮按要求依次呈现，并使链接按钮在下一内容呈现时自动隐藏。对于一些辅助素材，如动态按钮的闪现形式、按键声音的选择也一定要慎重。否则，不恰当的闪现形式和声音有时会分散学生的注意力，降低课件的课堂应用效果。

制作 PPT 课件还需要注意以下方面：尽量用低版本的 PowerPoint 做，避免对方电脑不能正常显示 PPT 的动画、字体；形式服从内容，根据内容定义 PPT 风格，不要太花哨；字体与背景分离鲜明，配色要柔和舒服，要顾及学生的视角，忌混淆不清；做跳页链接时，用相对地址而非绝对地址；每张 PPT 最好有题目标识，防止连自己都不知道自己想表达的内容在哪张 PPT 上；尽量少用音乐，用音乐最好用 midi 格式，它读取方便；PPT 内容只是提要，切忌详细，否则就显得只是在读 PPT，而不是在讲课；PPT 内容尽量文字简练，少而精，多用图片进行描述说明，这样在讲述的过程中就不会给人一种"朗读"的感觉，并且让听者认为你对自己讲述的内容烂熟于心，准备充分；用不同的电脑测试你的 PPT，看是否都能正常显示；适当地添加一些动画效果，很多人都认为 PPT 过于简单，不能制作好的动画，其实不然，PPT 中的动画虽然简单，但是如果仔细琢磨，精巧地组合一下能得到很好的动画效果。另外，PPT 支持多种对象的嵌入，如在 PPT 中加入自己制作的 Flash 小动画，能使 PPT 更加生动。

选用教学课件是为了刺激学生感官，激发学生的学习兴趣，客观上要求应用动态的图片、音像、视频等影视片段。目前最简单的做法是，通过"超级链接"功能链接到存放在硬盘等中的音像、视频等素材。但演示 PowerPoint 幻灯片进行链接后，出现"媒体播放机外观"而影响视觉效果等。为避免采用"超级链接"的弱点就得在 PowerPoint 演示文稿的幻灯片中插入动画、音像、视频等多媒体信息，而 PowerPoint 对所要插入的动画、音像、视频等多媒体信息的文件格式有一定要求。

如在《平行线的性质》一课中，教师的总结与复习环节，应用上课时使用的 PPT 课件的结论图再次展示，让学生重温上课时的情境。总结出性质1：两直线平行，同位角相等。性质2：两直线平行，内错角相等。性质3：两直线平行，同旁内角互补。（授课人：沈阳市康平县第二中学　韩萍萍）

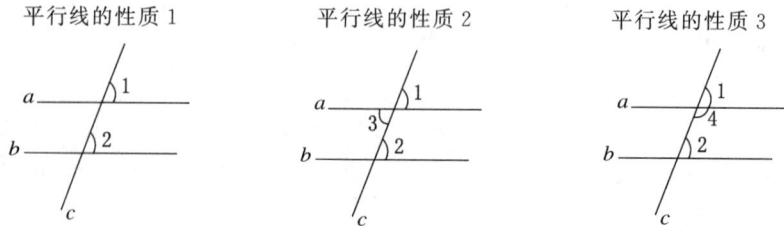

由这张结构图学生很容易想起上课的情境，轻松地就归纳了本课的主要内容。平行线的性质是平面几何的一个重要内容，它是研究几何图形位置关系与数量关系的基础，也是学习简单的逻辑推理的素材，是证明角相等、研究角的关系的重要依据。平行线的性质不但为三角形内角和定理的证明提供了转化的方法，也为今后学习三角形、四边形、平移等知识奠定基础。

（3）电子白板在理科课堂总结与复习环节中的应用方法与策略

电子白板是数字化的交互性技术，在我国中小学教学中迅速普及和发展。电子白板有很强的交互性，能够以其数字化的交互性技术优势，在教学观念、理解和掌握教学目标，以及在教学课件的设计和使用等方面要注意相关问题。在使用电子白板时必须以课程改革新理念为依据，探索并充分发挥电子白板的交互性功能；要突出"过程与方法"的教学目标，发挥电子白板的参与性和交互性功能；要突出参与性和交互性，设计基于电子白板的教学课件。教师在进行课堂总结与复习环节时，要能够实现对已有丰富多彩的多媒体教育资源进行灵活的整合。师生在教与学的过程中，要能够依据各自的需要，对上述资源进行调整、修改、增删，并可以迅速地自动生成新的教学资源；还要能够支持师生的交互式教与学，支持学生的感情、行为和思维参与；能够完整地记录教学过程中教师的教与学生的学，并使之自动形成完整记录师生教与学全过程的、可以重复使用的再生资源。合理地利用电子白板的功能，充分发挥电子白板在课堂教学总结与复习环节中的作用。

教师在使用电子白板进行总结与复习环节时要注意以下问题：第一，认知策略的设计，目的是帮助学生建立新旧知识的联系，使思维过程可视化，建立正确的知识结构。

交互式电子白板的诸多特性为知识的呈现、原理的解释提供了供给，如：用遮罩功能依次呈现新旧知识，利用拖放功能实现知识的配对，利用拖放和旋转功能展示自己的思考过程。第二，组织策略的设计，目的是促进师生、生生的人际交互，构建互动的课堂参与结构。国外课例中，教师会更多地设计互动的小环节，让学生来参与。

如设计一个游戏，让学生在层层闯关中进行学习。在讲《角的度量》一课的总结与复习过程时，在电子白板的支持下组织策略的设计，该课程的教学重点是让学生掌握使用量角器量角的方法。教师在愤怒的小鸟游戏中设计三关：第一关，在量角器上找出60°和150°的角；第二关，利用电子白板透镜功能先让学生已知两条边猜度数；第三关，出示两个角，先估后量，然后出示放风筝的图片，继而由图引发问题，引导学生使用白板的量角器进行操作。最后，教师设计了一个展示板，让学生在白板上拖放内容来演示小组讨论的结果，更好地发挥电子白板在课堂总结与复习中的作用。（授课人：大庆市新潮学校　王静）

以上教学软件概念图和思维导图、PPT课件、电子白板的功能和作用不同，需要教师在使用这些软件工具过程中，根据教学需要和不同的教学设备，能流畅地转换和衔接教学软件工具，以更好地充实教学内容以达到教学目的。

（二）教师在理科总结与复习课上合理选择数字教育资源及学科教学工具的策略

信息爆炸的年代，网络上提供了庞大的数字教育资源和各种各样的学科教学工具，如何为一堂课、一个单元、一个学期的总结与复习环节选择合适的数字教育资源和学科教学工具是新时代教师的职责，更是对教师的挑战。

1. 需要和效益策略

以"需要和有效"作为选择的标准。一是对课堂总结与复习环节的教学有效和需要，二是对学生需要和有益。依据课程标准、学习目标和技术条件，选择适当的课堂教学方式与确定有利于运用数字教育资源和学科教学工具提升教学质量的切入点。正如不同的人吃饭有不同的胃口一样，不同的学生也有不同的求知欲，根据学生群体、技术条件与教学内容的特征选择适合的软件、工具及平台，以满足其需要并产生效益，才能保证所取教育资源的有效性、实用性，才能最大限度地满足学生的需求。教师应该根据需要与效益使用合理技术工具对搜集的教学资源进行加工、整合、开发。

2. 主体性原则

数字化教学资源体系在个性化教学中的应用必须贯彻主体性原则，在总结与复习环节也要坚持以学生为主，服务于学生。数字化教学资源和学科教学工具的搜集、选择、使用，应真正做到学生想什么，自己去找什么，学生怎样想自己就怎样努力探究。

3. 最优化原则

数字化教学资源体系的泛化决定了它的广泛性，而总结与复习环节的概括性和集中性又决定了教学内容的针对性，加之应用数字化教学资源和学科教学工具的教学又是多种资源共同作用的过程，数字化教学资源和学科工具作用的大小，不仅取决于所涉及的资源、工具等各自的内容，主要还取决于资源和工具组合的优劣及其功能的发挥。因此，最优化原则要求既要优化资源的选择，又要优化资源的组合。不同的教学资源要选择最优的教学设备和软件呈现,并且能够流畅地转换和衔接,并且确保相关设备、资源与工具在课堂教学环境中的正常使用。避免总结与复习环节形式大于内容,不能发挥此环节的重要作用。

4. 创造性原则

数字化教学资源和学科教学工具即使非常丰富也不能完全照搬照用,教师应该根据学生的实际情况对教学资源进行选择、改编或开发以有助于突破教学重、难点的数字化资源,充分利用技术手段创设启发式学习情境,促进学生互动、探究与深入思考。

课堂教学活动中,总结与复习部分并不是无关紧要的,而是能引发学生深入思考、拓展想象空间的重要环节。课堂教学总结的任务主要有两个方面:一是概括教学内容,突出重点,强化难点,总结规律,使学生对全课的教学内容和知识要点获得清晰的印象;二是开拓学生视野,激发学生思维,引导学生对有关内容进行联想和思考,使知识系统化和条理化,实现知识的迁移。教师要合理运用数字化教学资源和学科教学工具,依据课程标准、学习目标和技术条件,选择适当的设备和软件工具进行流畅的转换和衔接,使教学活动能更有效的完成。

[案例片段解析]

在《物态变化复习》课程总结与复习环中,用概念图的方式归纳总结练习。

要求学生知道六种物态变化和各种变化中的吸热、放热情况,能列举生活及自然界中六种物态变化的实例,探究物态变化过程,尝试将生活和自然界中的一些现象与物质的熔点或沸点联系起来,通过思维导图的展示,学生很容易用图像法直观表达实验现象并对其进行归纳。

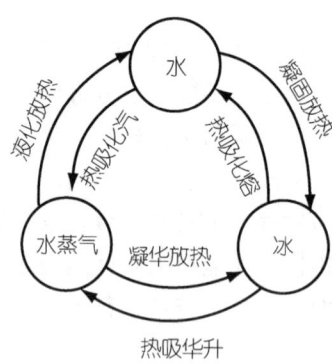

【设计意图】概念图作为理科总结与复习的一种有效方式,应该在教和学中得到广泛的应用。

提示:在总结与复习的教学设计中,概念图和思维导图具有高度的浓缩性、完整性、直观形象性和思维开放性等优点。

小组讨论

1. 数字教育资源、学科教学工具在总结与复习教学中的作用有哪些?除了上面讲过的你还知道其他的吗?

2. 尝试论证如何选择适当的课堂教学方式与确定有利于运用数字教育资源、学科教学工具来提升教学质量的切入点。

3. 试论证如何选择数字教学资源和学科教学工具为总结与复习环节创设启发式学习情境，促进学生互动、探究与深入思考。

4. 教师在使用电子白板进行总结与复习环节时要注意哪些问题？

实践活动

使用合理技术工具为《电流和电路》单元总结与复习环节加工、整合、开发数字化资源。

理科
学科教学与信息技术应用

专题五

技术支持的教学评价

在本专题的学习中，您要努力达到如下目标：

1. 有针对性地观察和收集学生的课堂行为与反应，对产生的问题进行实时干预和有效调整(《标准》C17)；

2. 利用技术手段及时有序地管理预设资源和生成性资源(《标准》C18)；

3. 灵活处置课堂教学中的技术故障与意外状况(《标准》C19)；

4. 保证每个学生都可以获得良好的视觉与听觉体验，以及公平的联系与反馈机会(《标准》C20)。

借助数字教育资源、学科教学工具进行评价　评价的效率　电子档案袋　电子量规　概念图　教学评价工具

教学评价一直是教育教学中不可或缺的重要环节，公平、公正、客观的教学评价对于量化教学效果、促进教学尤为重要。在数字化学习环境下，电脑的普及率越来越高，技术在学生研究性学习和汇报准备方面的应用也越来越普遍，然而讨论最激烈的是应用技术来改善评价体系，评价和技术相结合，呼吁课堂评价实践与国家要求的教学内容标准及责任制度紧密联系起来，运用技术开发并实施评价，并将此评价与日常教学进行整合，使教师能更多地能洞察学生的思维，从而相应地调整教学。在技术支持下的教学评

价更有效率、更客观，减轻了教师的重复工作，评价也更趋多元化。

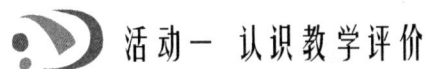

活动一 认识教学评价

一、教学评价的涵义与分类

（一）教学评价的概念

教学评价是依据教学目标对教学过程及结果进行价值判断并为教学决策服务的活动。教学评价包括对教学过程中教师、学生、教学内容、教学方法与手段、教学环境、教学管理诸因素的评价，但主要是对学生学习效果的评价和教师教学工作过程的评价。

教学评价的两个核心环节是对教师教学工作（教学设计、组织、实施等）的评价——教师教学评估（课堂、课外）以及对学生学习效果的评价——考试与测验。评价的方法主要有量化评价和质性评价。

（二）教学评价的作用

1. 诊断作用

对教学效果进行评价，可以了解教学各方面的情况，从而判断其质量和水平、成效和缺陷。全面客观的评价工作不仅能估计学生的成绩在多大程度上实现了教学目标，而且能解释成绩不良的原因并找出主要原因。可见，教学评价如同身体检查，是对教学进行一次严谨的、科学的诊断。

2. 激励作用

评价对教师和学生具有监督和强化作用。通过评价反映出教师的教学效果和学生的学习成绩。经验和研究都表明，在一定的限度内，经常进行记录成绩的测验对学生的学习动机具有很大的激发作用，可以有效地推动课堂学习。

3. 调节作用

评价发出的信息可以使师生知道自己的教和学生的学的情况，教师和学生可以根据反馈信息修订计划，调整教学行为，从而有效地工作以达到所规定的目标，这就是评价发挥的调节作用。

4. 教学作用

评价本身也是一种教学活动。在这个活动中，学生的知识、技能将获得长进，智力和品德也有进展。

（三）教学评价的分类

1. 诊断性评价

诊断性评价是为了使教学更适合于学习者的需要和背景，在一门课程和一个学习单元开始之前对学习者所具有的认知、情感和技能方面的条件所进行的评价。通过诊断性评价鉴定评定对象的基础条件，收集评价对象有关的信息，了解实施前存在的问题，找到解决的办法和应对策略，使未来实施过程中的指导有的放矢。

2. 形成性评价

形成性评价是在教学过程中，对尚在进行、发展中的教学活动进行相应的价值判断。形成性评价的目的在于确定学生在本阶段学习中已经掌握和为顺利进行下一步的学习应当掌握的内容，并帮助学生学会那些本应掌握而尚未掌握的要点，形成性评价的目的侧重于教学的改进和不断完善。

3. 总结性评价

总结性评价是在教学单元或阶段教学结束后，对学生学习结果所作的全面评价，其主要目的是给学生评定成绩，为教师或学校提供关于某个教学方案是否有效的证据。

（四）教学评价的基本原则

1. 方向性原则

教学评价必须以党和国家的教育方针、国家颁发的课程计划及课程标准、国家正式审定的教材为依据，通过评价使教学坚持正确的方向，以促进学生的全面发展。

2. 科学性原则

教学评价必须具有可信度与可靠性，必须建立在科学的基础上，有充分的科学依据和科学方法。教学评价要以正确的教育思想和教学理论为指导，遵循课堂教学的规律和原则，适应深化课堂教学改革的要求和各学科的特点。在建立教学评价体系的时候，要有相应的理论依据，每个指标项目要有相对独立的、准确的科学含义。在确定各项指标的评价标准时，要考虑到指标本身的科学内涵和操作是否方便实用。教学评价的方法要力求科学、完整。在评价过程中，要根据教学目标与教学的管理要求，注意从教学过程入手，从教学的计划设计、备课上课、批改作业等方面进行。在评价信息搜集、处理上，要力求全面、客观、公正，注意其可靠性和合理性。

3. 客观性原则

教学评价必须采取客观的、实事求是的态度，要客观地反映被评价者的真实价值，不能主观臆断。教学评价的客观性，可以激发师生的积极性。如果教学评价不客观，就会挫伤师生的积极性。所以，教学评价的客观性至关重要。

4. 整体性原则

教学活动是师生共同参与的活动。因此，教学评价需要注意各个因素之间的联系，从评价目标到评价完成，整个过程都要进行全面系统的评价。

5. 目的性原则

教学评价是一种管理手段，是对教学过程进行调控的指南，通过教学评价，监控教学过程，激励促进教师改进教学方法，以更好地完成教学目标。

6. 可行性原则

教学评价要从教学实际情况出发，评价的内容、方案、指标、方法等都要符合具体的现实条件，要充分考虑资金成本、评价设备、评价者能力，以及学校领导的支持。

（五）教学评价的功能

教学评价为现代教育事业的发展提供支持，教育要面向现代化、面向世界、面向未来，教育要提高全民素质，培养人才，就必须重视学校教育教学工作，就必须要对学校的教学工作进行有效的评价，才能为教育部门提供真实的教育、教学情况，从而进行科学的决策。联合国教科文组织把各国教育行政人员（学校干部和教育行政干部）有没有相当的教育、教学评价能力作为评价一个国家教育发达程度和教育效能的一种依据。教学评价体现了现代教育发展的世界性趋势，是现代教育事业发展的需要。

1. 教学评价为教学质量的全面提高提供保障

教学评价是教学工作中的一个重要组成部分。通过教学评价可促使教师自觉地按照教学规律办事，可对教学工作中的每个阶段和每个环节进行有效调控，促使教学工作向规范化、科学化方向发展，以保证教学质量和效果。

2. 教学评价为推动教学改革提供动力源泉

教学评价就是对教学活动的价值和教学效果进行判断。这种判断不仅要运用现代教育理念，而且要求评价的内容、标准和方法都要符合教学改革的需要。在进行教学评价的过程中，要处理好教学与发展的关系以及学科与技术的关系。任何教学改革的实施都需要一套科学合理的教学评价制度，没有科学的教学评价，教学改革工作则难以进行。

3. 教学评价为管理教师队伍提供科学手段

建立教学评价制度，能够客观地评价教学工作，真实反映教师的工作绩效。不仅为学校领导提供教学管理信息，而且能够促进教师自身教学技能的提高。

二、评价工具支撑下的理科教学评价角度

理科教育作为教与学的重要部分，必须面向全体学生，实现"人人学有价值的知识，人人都能得到需要的知识，不同的人在不同的学科上各尽所长"，使全体学生能掌握必要的科学知识并能在实践中使用，从而适应终身学习的需要。

理科教学在素质教育中的作用应能体现以下几个方面：

（1）培养逻辑思维能力。逻辑思维能力是指正确、合理地思考问题的能力，即对事物进行观察比较、分析、综合、抽象、概括、判断、推理的能力，采用科学的逻辑方法，准确而有条理地表达自己思维过程的能力。逻辑思维能力不仅是学好理科必须具备的能力，也是学好其他学科及处理日常生活问题必须具备的能力。

（2）培养科学文化素质。九年制义务教育各门课程的教学内容和教材，使学生具备了数据处理能力及分析自然科学的能力，掌握了基本的化学知识、物理现象等，也学会了运用知识解决实际问题的能力。

（3）开发非智力因素。人类复杂的心理活动可以一分为二，即所谓的智力因素和非智力因素。智力因素由观察力、想象力、记忆力、思维力和注意力这五种基本因素组成。非智力因素则包括很多，如学习动机、兴趣、情感、意志和性格。非智力因素对学生的智力发展起主导作用。理科知识集知识性、审美性、逻辑性于一体，对于激发学生的求知欲，培养学生的审美意识、训练学生的逻辑思维有着重要的作用。

对学生来说，理科的学习不仅要学习学科的思维结果，更要学习科学的思维方式和方法，发展科学思维能力。能力的发展并不等同于知识与技能的获得。事实上，能力的形成是一个缓慢的过程，有其自身的特点和规律，它不是学生"懂"了，也不是学生

"会"了，而是学生自己"悟"出了道理、规律和思考方法等。这种"悟"只有在理科学习中才能得以进行，因此，理科教学必须给学生提供探索交流的空间，组织、引导学生"经历观察、实验、猜想、证明等理科的基本活动过程"，并把推理能力的培养有机地融合在这样的过程中。任何试图把能力"传授"给学生，试图使能力培养"毕其功于一役"的做法，都不可能真正取得好的效果。

综上所述，在实施理科教学评价研究中，一定要体现学科的特点，同时又要重点突出。实施理科教学评价研究主要可以从以下四个方面进行：

（一）确立全新的理科教学评价的理念

理科教学评价的主要目的是为了全面了解学生的学科学习历程，激励学生的理科学习，改进教师的学科教学。具体包括：反映学生各科学习的成就和进步，激励学生的学科学习；诊断学生在学科学习中存在的困难，及时调整和改善教学过程；全面了解学生学科学习的历程，帮助学生认识到自己在学习策略、思维或习惯上的长处和不足；使学生形成正确的学习预期，形成对学科学习积极的态度、情感和价值观，帮助学生认识自我，树立信心。

应建立学科教学评价目标多元、评价方法多样的评价体系。对学科学习的评价要关注学生学习的结果，更要关注学生学习的过程；要关注学生各科学习的水平，更要关注学生在学科活动中表现出来的情感与态度。

（二）建立科学的理科各科课堂教学评价指标

课堂教学是教师依据课程标准的理念与基本要求，在全面驾驭教科书知识体系、知识结构和编写意图的基础上，根据学生的具体情况，对教学内容进行再创造的过程。对各科课堂教学过程，建议从以下三个维度进行评价：学生在课堂教学中的情意过程、学生在各科学习中的认知过程、教师的因材施教过程，这是评价理科课堂教学过程最基本的三个方面。

1. 情意过程

（1）教学氛围：是否营造了平等、民主、和谐的师生关系、生生关系，教师是否鼓励学生发现问题、提出问题，学生是否敢于质疑、大胆尝试、乐于交流与合作；

（2）学习兴趣：教师能否充分地调动学生的学习积极性，使全体学生都能够主动、有效地投入到学科活动中，学生是否对所学科目有好奇心与求知欲；

（3）自信心：教师能否让学生在学科学习中获得成功的体验，学生能否在学习过程中建立自信心；

（4）情感态度：学生能否在学科学习过程中获得情感体验。

2. 教学过程

有效的课堂教学还应考虑所选择的教学方式是否适合学生的认知过程。评价课堂教学要关注教师在实施课堂教学过程中，能否使学生有效地经历学科素养的形成过程，使学生在获得必要的基础知识与听说读写的同时，发展实践能力与创新意识。

（1）教学方法与手段：合理有效地使用教学方法与手段；

（2）学习方式：教师能否根据具体的教学内容，发挥主体作用，引导学生开展有效的学习，是否体现自主探索、合作交流等有效的学习方式；

（3）思维的发展：教师能否发展学生的观察力、想象力与初步反思的意识。

3. 因材施教

义务教育各科课程应面向全体学生，课堂教学要体现因材施教的原则，使不同的学生有不同的发展。课堂教学应是一个师生互动、生生互动、共同发展的过程。教师在评价时还应关注以下方面：

（1）面向全体学生：教师能否在课堂教学中关注每一名学生，特别是对学习有困难的学生给予切实的帮助；

（2）尊重个性差异：教师在教学过程中能否尊重学生的个性特征，允许不同的学生从不同的角度认识问题，采用不同的方式表达自己的想法，用不同的知识与方法解决问题。

我们的教育有太多的"标准化"框框，且不说"标准化"的考试，就是本应焕发出生命活力的课堂教学，也让《教参》一类"标准化"的东西来了个五花大绑、循规蹈矩、亦步亦趋。有这样一个真实的教学片断：有一天，幼儿园的老师问小朋友"花为什么会开"。第一位小朋友说："她睡醒了，她想看看太阳。"第二位小朋友说："她一伸懒腰，就把花骨朵顶开了！"第三位小朋友说："她想和小朋友比一比，看谁穿得最漂亮。"第四位小朋友说："她想看看，小朋友会不会把它摘走。"第五位小朋友说："她也长耳朵，她想听小朋友唱歌。"突然，第六位小朋友问了老师一句："老师，您说呢？"老师想了想说："花特别懂事，她知道。"这个教学片断给人的启迪是深远的。孩子们那些极富想象力、创造力且带有感情色彩的句子，与教师原先准备的那个沉闷单调、一成不变的答案，形成了多么鲜明的对照！课堂教学就是要保护这种积极的求异性，让学生从多方面、多角度、多起点、多层次、多原则、多结果等方面思考问题；就是要培养这种洞察的敏锐性，让学生不断地将观察到的事物与已有知识或假设关系，事物之间的相似性、特殊性、重复现象联系起来，进行比较，获得发现；就是要珍惜这种想象力的丰富性，让学生带着主观臆测，哪怕是虚假和错误将感性认识暴露出来；就是要激发这种灵感的活跃性，让学生学习兴奋的选择性得到泛化，神经联系的突发性得到加强。

（三）健全学生各科学业成绩评价体系

1. 注重对学生学科学习过程的评价

根据初、高中学科课程标准的要求，对学生理科学习的评价应从甄别式的评价转向发展性评价。以往只是以学生考试成绩的优劣作为评价学生学习好坏的评价标准，必然会加重学生的学习负担。

2. 评价主体和方式要多样化

评价的手段和形式应是多样化的，应以过程性评价为主，既可以用书面考试、口试、活动报告等方式，也可以用课堂观察、课后访谈、作业分析、建立学生成长记录袋等方式，让一次考试决定学生终身的现象得到有效控制。同时，教师在评价学生各科学习时，既可以让学生开展自评和互评，也可以让家长和社区有关人员参与评价，而不仅仅局限于教师对学生的评价。

3. 评价结果的呈现应以定性和定量相结合的方式

应采用鼓励性语言，发挥评价的激励作用，让学生体会到只要在某个方面付出了努力就能获得公正的、客观的评价。

(四)积极探索构建有利于促进各科教师专业水平提高的评价机制

打破唯"学生学业成绩"论教师工作业绩的传统做法,建立促进教师不断提高的评价指标体系,包括教师的职业道德、对学生的了解和尊重、教学实施与设计、交流与反思等。一方面,要以学生全面发展的状况来评价教师工作业绩,另一方面要关注教师的专业成长与需要,建立促进教师不断提高的评价指标体系是发展教师评价制度的基础。

强调以"自评"的方式促进教师教育教学反思能力的提高,倡导建立教师、学生、家长和管理者共同参与的、体现多渠道信息反馈的教师评价制度。一方面,要通过评价主体的扩展,加强对教师工作的管理和监控;另一方面,旨在发展教师的自我监控与反思能力,重视教师在自我教育和自我发展中的主体地位。此外,教师自评与奖惩脱钩。

打破关注教师的行为表现、忽视学生参与学习过程的传统的课堂教学评价模式,建立"以学论教"的课堂教学评价模式,即各科课堂教学评价的关注点转向学生在课堂上的行为表现、情绪体验、过程参与、知识获得以及交流合作等诸多方面,而不仅仅是教师在教学过程中的具体表现,使教师的教真正服务于学生。

[案例片段解析]

小组互评:

在《测量物体的密度》一课中小组合作分析、归纳、整理实验步骤,找出实验的合理性和误差之处,用概念图进行展示,小组互相评价。

【设计意图】通过小组相互评价,可以取长补短,共同完善概念图。充分发挥组间竞争的作用,调动课堂气氛的同时激励学生带有批判性思维主动思考,建构自己解决问题的思维体系。

提示:在教学过程中,对小组互评的题目设置要慎重,避免过于简单或过于困难。

小组讨论

1. 在学习小组内,讨论在教学过程中教学评价的作用。
2. 教学评价分为哪几类,有哪些基本原则?

实践活动

对中学数学《勾股定理》一课,做出合理的教学评价。

活动二 了解理科教学评价工具的应用策略

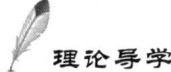
理论导学

一、电子档案袋在理科教学评价中的应用

（一）了解电子档案袋

电子档案袋是网络环境下传统档案袋的发展，由网络和多媒体作为支撑环境，其主要特征是以电子信号替代非电子的文本符号来存储信息内容。电子档案袋可以分为模拟型（以模拟电子信号记录）和数字型（以数字电子信号记录）两种，可以存放在网络服务器、单机硬盘、光碟、录像带等介质上。电子档案袋具有低存贮空间、可长时间保存、管理便捷等特点，在教育教学中的研究和应用也日益广泛，它记录了学习和生活的历史，能有效促进学生的自我反思与自律学习，是新课程倡导的进行多元化的质性评价方式之一。在技术环境下，可以借助 Word 文档设计电子档案袋，我们最常使用的博客也可以作为一种档案袋评价工具，有一些专门开发的平台就专门提供了电子档案袋记录功能，如北京师范大学现代教育技术研究所开发的 Deval 系统，专门支持学生的发展性评估。

（二）档案袋的适用范围

档案袋评价最多地用在了解学生的学习过程、取得的进步与改变的历程，尤其是学生的反思对改进学习所带来的影响，促进学生发展进步和自我成长，给学生自主发挥的空间。一旦主题明确后，可由学生来决定档案袋的组织架构、内容、呈现方式与数量，并且可由学生作自我反省、自我评价。教育人员通过分析档案袋，了解学生的表现与成长。再从内容侧面来看，学习档案袋主要属于过程型档案袋，关注学生学习有意义的细节变化，重点体现学生取得进步的过程，也包括学生在各个学习阶段或各个学习单元形成的发展现状与成果。档案袋评价基本上用在课程计划或产品制作或学生还处在发展与完善过程中，因此，可以根据学校教育目标和教学计划，在时间序列上连续地收集资料、扩充档案袋资料，对档案袋内容进行定期整理与反思，定期开展形成性评价，增进学生自我成长。

（三）设计电子档案袋

传统的档案袋可用资料袋、文件夹来做，最好全班统一，教师应指导学生建立袋中袋，把情况资料分门别类地放入各小袋中，便于今后的查找、分析和评价。但是评价工具支持下我们可以很方便地进行设计管理自己的档案袋。如博客就是一种简单易行的可选择方案，由于博客的技术门槛低，识字的人都可以注册使用博客。博客的网页形式可以将学生作品归类存放。学生通过博客发布日志，自由表达观点和见解，记录学习和思考过程，记载个人生活点滴、思想顿悟，以及思维方式、发展过程，并及时更新，自然地按照时间进行结构化组织。这些记录能够反映出学生的整个学习进程和各个学习阶段的发展过程,描绘出个人知识形成和认知的提升轨迹,因此成为对学生过程性评价的重要依据,将评价与学习过程相融合,也是后续总结性评价的基础。

(四)课堂学习电子档案系统在理科教学中的应用

课堂学习电子档案系统可以实现教师录题、学生课堂测验、学生测验统计、教师测验答疑、测验评价、家长反馈实时成绩、家长反馈学业进展等功能。每个学生的课堂学习电子档案都是一个记录并帮助学生反思学习方法、学习成果和自我了解的过程。这个过程全面反映了学生的学习的过程和表现,任课教师、班主任、家长能够从中清楚地看到学生的学习过程、发展过程和目标达成度的强弱,是评价学生和学生自我评价以及教师评价的依据。该平台在理科教学中的具体应用如下:

1. 教师优选教材,完成录题

课堂学习电子档案系统平台信息量大,生动直观,能够增加课堂容量,加大信息传播密度,理科教学可以借助该系统提高教学效率,这是一种新型的学习方式,一种系统化的教学思路。

教师可以就不同科目、不同的教学类型设置录题单元,可以在此基础上将中学数学、物理等知识重新组合成新单元,进行单元教学改革。这样,教师就可以借助电子平台整体而有序地考虑教学过程的各结构成分及相互联系,以尽可能实现课堂教学的优选,力求使教学全过程及每一结构都能发挥最优功能。

2. 学生随堂测验,统计数据

电子系统便于数据统计,能够即时反馈评价学生整体及个体学习情况,这是一种形成性评价,可以不断反馈学生学习成功或失败的信息,它强调的是学生个体在课堂学习中的点滴进步和变化,关注的是学生学习过程中需要改进的地方。教师可以借助它即时给予学习评价和反馈,即时为学生提出改进的建议和发展的方向。

如在随堂测验完成之后,教师点击"学生管理"功能菜单下的"测验统计",界面右方就会出现这次测验错误最多的前20道试题。这样,教师就可以据此调整教学内容,采取恰当的教学方式和教学策略,来适应学生的具体情况。

再如,学生运用博客发表个人对初中物理《物态变化》一章的反思,每学完一节课,教师将引导学生对本节课的情况通过写博文进行记录及反思,包括对课上的表现和理解,还可以提出自己不懂的问题、别人不同的见解等。这些记录能够反映出学生整个学习进程和各个学习阶段的发展过程,描绘出个人知识形成和认知的提升轨迹,因此成为对学生过程性评价的重要依据,将评价与学习过程相融合,也是后续总结性评价的基础。

3. 教师测验答疑,做出个体评价

在平台中,学生通过测验统计能够清楚地看到自己对知识的掌握程度和自己的进步与不足。而教师看到的不仅是一个数据统计,这样的记录使得教学有据可依,可以根据问题有针对性地进行教学,做到因材施教、具体问题具体分析,从而帮助每一名学生取得进步。

如通过随堂测验统计数据,按照学生薄弱的知识点,教师可以在"教师评价"里针对学生的测验情况及时给予肯定和激励,并委婉地指出存在的问题,提出具体的改进意见。为了提高教师的工作效率,并有效调动学生参与解决问题的积极性,可以考虑按知识点的不同来分组,以组为单位,通过组间的分工合作实现学生薄弱点的加强训练,还可以布置针对性作业,有助于个体学生的针对性指导。

4. 依据动态数据,评价学业进展

课堂电子系统对学生长期的动态数据统计,使得学生、家长、教师可以随时了解掌握学生的学业进展情况,清晰地看到学生个体学习结果的形成发展过程和参与度,以及个人的收获和成长。学生在教师和家长的帮助下,能从数据中体验到成长,感受到成功,调动学习积极性。这种评价方式体现的是"学习是个过程,学习评价也应有过程评价"的思想,能较好地促进学生的学习及全面发展、真正用发展的眼光看待学生科学素养的养成。

如在不同学段,教师可以利用电子平台检验学习成效,主要是对教学目标达成程度的判断。评价内容以课程标准为依据,紧扣本单元学习内容,它考查学生知识技能的掌握以及学习能力、学习方法、情感态度、价值观等教学目标的落实情况,同时也为教师提供教学目标适当性与教学策略有效性的信息,促进教师不断调整改进教学方法,提高教学质量,促进学生科学素养的真正提高。

课堂学习电子档案系统信息量大,生动直观,能够激发学生的学习兴趣,有效提高课堂教学效率。我们应该充分借助这个平台,将课程、教学与评价真正有机地结合起来,让平台成为鉴定过去、回顾历史、促进学生主动发展和教师专业成长的得力工具。

二、概念图在理科教学评价中的应用

(一)了解概念图

概念图是一种以图表的形式反映概念和概念间关系的知识结构图,它由节点、连线、连接语、命题和层级组成。节点表示概念,这里的概念泛指感知到的同类事物的共同属性,它可以表征为学科概念、原理、信息点等;连线表示概念间的意义联系,并用箭头表示指向;连接语是指在连线上用于标明两概念间关系的字、词、符号或短语;命题是两个概念之间通过连线、连接词而形成的概念、原理的更深层意义关系;层级(或类型)是概念的展现方式,它可以是线型、层次型、辐射型及网络型。

(二)概念图在理科课堂评价中的适用范围

1. 概念图可以用作教师评价学生的工具

在传统课堂知识测验中,教师只能检查学生在某个知识体系中某个知识点的掌握情况,这种孤立的方法不能真实地反映学生对知识的掌握情况。教师可以在期末复习时让学生绘制知识结构图或者各个知识点涉及的概念图,从而了解学生对知识的掌握情况,还可以发现学生理解上的问题所在,便于教师对学生整体知识结构的把握,也就是对学生做出总结性评价,要求学生提供表明他们在某一领域的知识结构的任务。概念图不仅可以进行总结性评价,还可以作为形成性评价的材料,及时了解阶段教学的结果和学生的进展情况及存在的问题。一方面是教师绘制概念图讲解学科知识,让学生完成节点、连接词、层级等;另一方面也可以让学生自己利用概念图整理已有的学科知识或新学习的知识。教师从绘制出来的概念图中可以清晰地看出学生的思维习惯及学习风格，及时掌握学生的思维过程，根据学生的"概念反馈"及时且有针对性地提供适当的指导或调整教学策略。

2. 作为学生自评或互评的工具

学生在各科复习的时候可以画出概念图来辅助自己整理知识。概念图能够系统地反映概念之间的逻辑关系。通过节点的设置可以检查自己是否将学过的关键概念回忆起来，通过节点之间的连线检查自己是否理清了概念与概念之间的关系，通过层级来分清概念之间的从属及层次关系。学生可以徒手绘制，不受场所的限制，随时随地检查自己对知识的掌握情况，以便进行自我调节。学生利用概念图进行自评不必和别的同学比较，这只是了解自己不同时期的学习状态，所以不易产生紧张或自卑心理。

3. 概念图还可以作为学生组间互评、组内互评的工具

互评主要是对别人的工作、成绩、情感、态度进行评价，它不同于自评和集体测试，不是考查学生对学科知识的掌握情况，而是让别人对自己的表现进行定性评价。互评方式更多地用于小组学习时组员之间的评价，对组员在完成小组任务过程中的表现给予反馈。学生可以把每个小组作为一个节点，小组任务完成过程的优缺点作为下一层级的节点，也可以把小组各个成员的表现作为下一层级的节点。或者对任务步骤做出概念图，通过概念图，教师可以从组内互评中真实地了解每个学生的情况，学生也可以针对概念图反映的情况，进行讨论交流。

总之，概念图主要用于评价学习者对学科知识的创造性思维水平，评价学习者知识结构的组织状态，评价学习者的态度情感和价值观。概念图可以提供给教师和学生进行反思，从知识的引出到知识的表征再到知识表征的评价，反映了学生在课程概念理解的成长和变化。尤其是如 MindMapper、InSpiration 等软件的出现，使得概念图的使用更为广泛。这些概念图工具软件界面简单、操作直观、容易上手，能集图片、声音等各种更能真实反映人的思维的媒体形式于一体，使概念图评价更有效地应用到教师的教学与学生的学习中。

（三）概念图在理科课堂中的评价特征

概念图的评价分为三个：评价任务、作答方式和评分体系。

1. 要求学生提供表明自己学科知识结构的信息

概念图的评价任务可以是多样的，有的要求学生用纸画出完整的概念图，有的是在教师绘制的概念图上画上连接线或填上节点，也有让学生构建一定层级关系的概念图。

评价任务包含三个任务的变量：任务要求、任务规范和内容结构。任务要求是指当学生在构建概念图时对他们所作的要求，如构建一个概念图、在概念图中填空等。任务规范是指对完成任务的一些限制条件，规范可以是多种多样的，教师可以根据具体的内容制定不同的规范。如要求学生在完成任务时使用提供的概念或概念间的连接，要求学生在两个节点之间使用一个以上的连接等。内容结构是指针对于不同的具体内容，应该有相应的要求和规范，如概念图的内容结构是上下位的关系，那么绘出的概念图应该是层级式的。

2. 学生的应答方式

应答方式是指学生做出的反应，它因给定的任务不同而异。反应方式也包含三个变量：反应形式、反应方式特征、绘图者。反应形式是指学生回答问题的形式，是口头、文字还是以计算机等。反应方式的特征根据任务的不同而变化，通常适应于某种特定的任务。例如，在给定的某一节数学课上填写框架图则要求学生在概念图的空白节点处填写给定的概念；如果要求学生画出概念图而没有给出概念，则反应方式就是向学生提供绘制概念图的信息，要求学生画出相应的概念图，这种情况下学生得到的指导相对也比较多。有关研究发现，让学生构造概念图比填充概念图能更好地反映学生的知识结构，但如果概念图来自学生的论文或口头报告，教师只能从文章或报告中提取重要的概念为学生绘制相关的概念图。

三、教学观察法在理科教学评价中的应用

（一）了解观察法

1. 观察法定义

观察即在自然的教育场景下了解观察对象。观察法是人们为认识事物的本质和规律，通过感觉器官或借助一定的仪器，有目的、有计划地对自然条件下出现的现象进行考察的一种方法。

2. 教学观察法

教学观察法是指教育者在自然情景中通过直接观察或借助录音录像手段对学生的行为进行有目的、有计划的系统观察和记录，然后对所做记录进行分析，了解学生的学习方式、学习风格、生活习惯、心理发展规律等。观察法具有系统性、客观性、目的性、计划性等特点。观察法适用于评价那些在教学中不易被量化的行为表现（如兴趣、爱好、态度、习惯与性格）和技能性的成绩（如唱歌、绘画、体育技巧和手工制作）。

观察一般要在事前确定观察目的、观察范围，并必须明确对将观察的某现象需设置哪些变化的情况或场景，使被观察者在这种特定条件下进行活动，以获得合乎实际目的的材料。教师的观察是根据课题的需要而进行的观察，为解决某个问题而主动进行的观察，并在教学实践中得到直接的经验和事实素材。这种观察是指观察对象在不受干预控制的自然状态下进行的，从而使教师能得到被观察者在教育教学活动和日常生活中的自然、真实、典型的心理活动和行为表现，能够直接准确地了解正在发生的教育现象及应采取的某措施而发生的结果，获得真实、生动的资料。教师有了这些真实的观察资料后，就要分析材料，进一步深刻分析、归纳总结、探寻规律、深入研究，并运用科学的方法，改变教学策略，进一步进行教学实践，以取得更好的教学效果。

（二）教学观察法应用原则

我国古代大教育家孔子认为，要了解学生，就应该获得第一手的直接资料，而获得这些资料的最好方法就是观察法。他认为不能随意地褒贬他人，所有的评价都必须建立在亲力亲为的观察的基础上，反对道听途说。此外，在观察的时候还应该注意尊重事实的客观性，不带有主观偏见，不被固有思维和刻板印象所左右，保持客观是做到有效观察的前提条件。在观察的过程中，应该按照由表及里，由现象到本质的观察顺序，透过

表象看本质是观察法更深层次的要求,所以对事物的观察不能停留在表面。同样,教育者在观察学生的时候,也要做到亲力亲为,客观公正,透过现象看本质。

在运用观察法时,无论是质化观察还是量化的系统观察,都需要在实际教学情境中,针对不同的评价对象,加以观察记录,并据此做出判断。观察法多用于了解教学的运作过程和实施过程,确认课程实施的困难及目标达成度,了解课程产生的非预期结果,并确认资料收集的效度。应用观察法可采用事件记录、查核、系统观察和非结构性观察等方式和技术。

(三)教学观察法在理科课堂教学中的实施

由于观察法简单易行,可以帮助教育者随时获取学生的信息,教育者要时刻有观察的意识,让观察成为一种习惯,注意培养敏锐的观察能力,能全面客观地获取信息。在必要的特定场合还需要制定观察计划、列出观察提纲供观察时获取信息的参考,观察时做好详细的观察记录以便后期分析处理数据。

在技术支持下,可以借助录音录像设备,而不需要教师亲自到现场做观察,进行记录。如可以用摄像机将课堂教学实录录制下来,教师课后可以反复观看教学视频,发现教学中的亮点和不足,通过学生的课堂表现,进行教学反思,提高教学能力,也可以通过校园的视频监控录像,收集学生日常生活中的学习表现,从而进行有针对性的指导。

如通过观察上课实录来评价学生的学习表现,教师将学生的上课状态进行录制,老师可以不需要在课堂现场也可以观察到每一名学生的上课状态。借助录像设备不需要教师亲自到现场对学生的表现进行观察,可以捕捉学生最真实的表现,并且可以反复观察每一名学生的表现,使观察更加全面。

四、信息化教育测试在理科教学评价中的应用

(一)了解信息化教育测试

信息化教育测试是以教育教学目标为依据,综合运用信息技术,以数字化形式对教育活动的过程和结果进行测定、分析、比较、判定的行为和操作。通过在教学过程中使用教学测试软件,以量化形式鉴别教学效果、学生知识水平与学习能力,是将信息技术和教学实际相结合的教学支持工具。

(二)信息化测试的优点

随着信息技术在教育考试和教育测评领域的深入和普及,教育考试从传统的纸笔考试到网上评卷、智能机考和考务管理信息化,发生了根本性的变革。

20世纪90年代,网上评卷作为信息化技术在教育考试领域开始应用后,其高效、质优的优势迅速被人们所认识。短短几年,网上评卷快速扩展开来。到目前,全国所有省市的高考都实行了网上评卷。以网上评卷的成功实施为突破口,信息化技术向两端延伸到考试前期的命题、报名、组织、编排及考场管理,以及后期的评卷、成绩统计、数据分析,逐渐覆盖了招生考试的全过程。教育考试信息化技术的发展,有力地推动了教育考试由传统向现代的转型,大大提高了教育考试的质量和效率。

国家教育考试是高厉害考试,其公平公正为诸项要义之首。信息化技术已经从命题、试题进厂印制、出厂运输、密室保管、考场启封、考后封袋、运至评卷点到此后的评卷、统计成绩等实现了全程覆盖。如最新研制成功的电子标签，将其贴在试题袋上，除了在考场上由有关监考人员按密码程序正确启封和考后装袋外，在任何时间、任何场所只要有人非法启封，电子标签当即向总部报警，有效地杜绝了在此环节作弊的漏洞。除了作弊外，有些环节由于客观或难以避免的因素，也有可能造成实际上的不公平。如在高考评卷点，一位高考评卷教师早晨精力充沛时评的第一张试卷和他到下午处于疲劳状态时评的最后一张试卷相比，问答题和主观题把握的尺度能否做到一致，谁也难以保证，也无法及时调整。再如，人工评卷时，后一位教师在赋分时是否受前一位教师赋分的影响等。由此产生的分数后果，实际上也影响了公平、公正。如今，在信息化技术条件下，这些问题得到轻易解决。

教育考试和教育测评技术的快速发展，使搜集、分析和应用数十亿、数百亿的海量考试信息成为可能。由于科学技术发展的局限性，恢复高考30多年来，至今还没有形成一个完整的数据库。如今我们进入了大数据时代，要运用云计算、云管理、云终端技术将数据处理为培养各类人才服务。培养人才是一个完整的过程，作为结果的考试要与过程的测评结合起来，从海量的考试和测评数据中整理分析，找出一个人的长处、爱好、潜能、学术性向和职业方向等。高考制度改革，多元评价、综合素质评价和学业水平考试的引入，要求信息化技术向教育测评领域拓展，这是教育考试事业发展的要求，也是信息化技术发展的新增长点。目前的信息化教育测试系统主要有数字化校园服务中的信息化测试服务系统和专门的教育测试平台，如海云天考试评价和教育测评技术、远程教育机构的信息化在线测试系统等。

[案例片段解析]

让学生照例子填写完成概念图以评价学生对知识的掌握程度。

在《认识四边形》一节中为了解说明顺序，教师给出三角形的完整概念图。

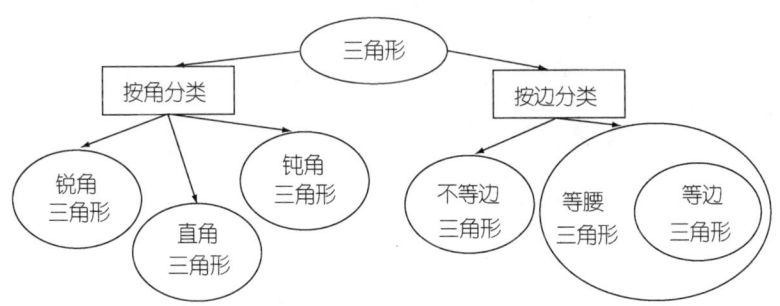

【设计意图】通过让学生完成完整概念图，可以评价学生对说明顺序的了解程度，也能清晰地暴露出学生知识上的不足之处。用概念图有利于学生对知识体系的整体把握。

提示：概念图的评价任务可以是多样的，有的要求学生用纸画出完整的概念图，有的是在教师绘制的概念图上画上连接线或填上节点，也有让学生构建一定层级关系的概念图。

理科
学科教学与信息技术应用

小组讨论

1. 教学测试在教学评价中有哪些优势，如何进行客观公正的理科教学测试？

2. 如何进行有效的教学观察，在教学观察中需要收集哪些信息，可以借助什么技术工具帮助我们进行教学观察？

3. 有哪些网络平台或社交网络适合做电子档案袋来评估学生的学习情况。各个平台的优缺点是什么，该如何改进？

实践活动

选择一个自认为合适的网络平台，为所教的学生创建档案袋，尝试利用档案袋进行评价。

经典案例

案例一 《分式》教学设计

一、教材分析

义务教育课程标准实验教科书（人民教育出版社出版）数学八年级下册第十六章：《分式》。本节内容是在学生掌握了一元一次方程的解法和分式四则运算的基础上进行的，为后面学习可化为一元二次方程的分式方程打下基础。通过经历实际问题→列分式方程→探究解分式方程的过程，体会分式方程是一种有效描述现实世界的模型，发展学生分析问题、解决问题的能力，培养应用意识，渗透类比转化思想。

二、学情分析

初二学生的基础知识较扎实，具有一定的探索解决问题的能力，能较熟练地使用电脑，已适应网络环境下的学习模式。本节课实施网络环境下教学，采用自学导读式教学模式。学生喜欢上网络数学课，学习数学的兴趣较浓。

三、教学目标

（一）知识与技能

了解分式方程的定义，理解分式方程的一般解法和分式方程可能产生增根的原因，掌握解分式方程验根的方法。

（二）过程与方法

通过经历实际问题→列分式方程→探究解分式方程的过程，体会分式方程是一种有效描述现实世界的模型，发展学生分析问题解决问题的能力。

（三）情感态度与价值观

强化用数学的意识，增进学生之间的配合，体验在数学活动中运用知识解决问题的成功体验，树立学好数学的自信心。

四、教学环境

教学媒体：Midea－Class，多媒体教学网，几何画板。

五、板书设计

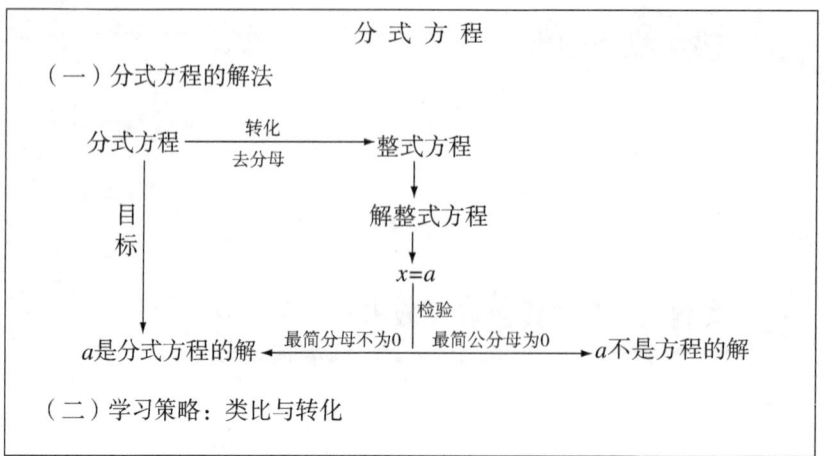

（二）学习策略：类比与转化

六、教学过程

（一）创设情境，列出方程

问题情境：（根据题意，列出方程，但不解方程）

运用 Flash 视频展示以下两个情境：

> 1. 在信息技术课上，周老师测试五笔打字速度。李志同学录入 80 个字所用时间与张帅同学录入 60 个字所用时间相同，已知李志同学每分钟比张帅同学多录入 5 个字。张帅每分钟录入多少个字？
>
> 2. 一艘轮船在静水中的最大航速为 20 千米/时，它沿江以最大航速顺流航行 100 千米，与以最大航速逆流航行 60 千米所用时间相等。江水的流速是多少？

学生活动：自主探究与同伴互助列出方程。

媒体技术：广播教学。

教师关注：

(1) 学生能否将实际问题转化为数学问题。

(2) 学生能否顺利列出方程。

(3) 适时引导，恰当评价。

设计意图：通过经历实际问题→列分式方程，体会分式方程是一种有效描述现实世界的模型，发展学生分析问题、解决问题的能力，培养应用意识，激发学生的探究欲与学习热情，为探索分式方程的解法作准备。

（二）总结定义，探究解法

问题情境：

运用 PPT 展示以下问题：

> 1. 所列方程的共同特征是什么？归纳总结分式方程的定义。
> 2. 代数方程如何分类？
> 3. 如何解上述所列分式方程？

学生活动：独立思考，同伴讨论，全班交流。

媒体技术：广播教学。

教师关注：

（1）学生能否看出分式方程的特征"分母中有未知数"。

（2）学生能否用类比转化思想解分式方程。

（3）学生能否认真倾听他人的见解。

（4）学生在交流与合作中表现出来的情感态度。

设计意图：通过观察分式方程的共同特征，培养学生的归纳总结能力；通过合作探究分式方程的解法，培养学生的探究能力，增强利用类比转化思想解决实际问题的能力及合作意识。特别指出：Midea-Class 纯软多媒体教学网在充分体现教学设计思想中发挥了不可替代的作用。具体而言，实数、代数式、一元一次方程分类结构图不是本节课要求的内容，属于拓展内容（无理式、无理方程、一元二次方程还没学过）。增加此内容一是通过教师讲授数、式、方程的分类，使学生能从整体上把握数、式、方程及它们之间的联系与区别；二是渗透类比思想。既然是拓展内容，就不能占用太多时间，否则将影响必学内容的学习，所以要提前做好课件，利用媒体技术进行展示。若使用大屏幕展示，为使学生能看清楚，字号必须变大，这样一来，实数、代数式、一元一次方程分类结构图就不能在同一屏幕上展示，难以让学生感悟类比思想，而 Midea-Class 纯软多媒体教学网的广播教学功能恰好解决了这一问题。教师利用教师机将要展示的内容广播到学生机上，这样字号可以变小，所有内容可以展示在同一屏幕上，有利于学生从整体上把握数、式、方程及它们之间的联系与区别，感悟类比思想。同理，广播教学在呈现类比解一元一次方程与分式方程时的作用和上述作用类似。

（三）讲练结合，分析增根

问题情境：

> 1. 解分式方程：$\dfrac{1}{x-5}=\dfrac{10}{x^2-25}$
> 2. 为什么 5 不是此方程的解？5 是此方程的什么？
> 3. 什么是分式方程的增根？如何判断分式方程可能的增根？分式方程可能产生增根的原因是什么？
> 4. 在解分式方程时验根的方法是什么？

学生活动：自主探究，同伴交流，倾听讲解。

媒体技术：广播教学，实物投影。

教师关注：

（1）学生能否用合理的程序解出分式方程。

（2）学生能否理解分式方程可能产生增根的原因。

（3）学生能否判断出分式方程可能产生的增根。

（4）学生能否掌握解分式方程验根的方法。

设计意图：通过解分式方程，巩固解分式方程的方法；通过交流、分析使学生能判断出分式方程可能产生的增根，理解分式方程可能产生增根的原因，掌握解分式方程验根的方法。

（四）师生总结，建构体系

问题情境：结合本节课的学习过程谈一谈学习的收获与感受。

学生活动：答写感受。

媒体技术：分组讨论。

教师关注：

（1）学生的学习目标是否达成。

（2）学生是否会评价自己。

设计意图：通过教师从知识与能力两方面的总结，梳理知识，建构体系，同时也起一个示范作用；通过学生积极回顾，自我总结，自我评价，培养学生的归纳总结能力、语言表达能力、自我评价能力。

说明：Midea-Class 纯软多媒体教学网络平台在学生分组讨论、打写学习感受时的优势。通常情况下，在一节课即将结束时，由一名学生做本节课的知识内容小结，其他同学倾听补充。而网络环境下的分组讨论功能则是所有学生在同一界面下利用电脑打写学习感受，进行知识小结，学生在打写自己的学习感受时，可以看见其他同学打写的内容，相当于全班学生在同一组交流学习感受，学生参与交流的机会大大增强；学生在上传打写内容时，同时显示该学生机的 IP 地址，教师利用教师机进行监控，学生不敢胡写，只能认真打写学习感受，教师可以根据学生打写的学习感受，及时了解全班学生对本节课教学目标的达成情况，以便于课后落实。

（五）布置作业，深化巩固

教科书 38 页，复习巩固 1。

案例二 《地毯上的图形面积》教学设计

一、教材分析

义务教育课程标准实验教科书（北师大版）第九册：《地毯上的图形面积》。在客观世界中，各种图形的呈现方式是多样的，标准图形可以采用图形的一般公式进行计算，而有些不规则图形面积的计算则需要采用特殊的方法进行。本课安排的"地毯上的图形面积"就是一种特殊的不规则图形，所以计算它的面积也将用特殊的方法。教材中提出的"地毯上蓝色图形的面积是多少"是一道解决现实生活中问题的实例，解决这个问题的方法是多样的。可以根据提供的方格图，逐一数数，然后得出所求问题的面积；可以通过将图形"化整为零"的方法，缩小数数的范围，从而简便地数出面积；可以采用"大面积减小面积"的方法，求得所需要的图形的面积。

二、学情分析

课前，学生已经基本掌握了长方形的面积计算，对学习图形有较大的兴趣。在开展教学时，可以直接出示情境图，并提出要解决的问题。预计有些学生会提出采用分割的方法。由于本题是一个轴对称图形，分割相对容易一些，也可以让学生独立思考。在学生数数过程中，教师指导的重点仍是如何将图形进行分割，从而让学生体会解决问题的多样性与简便性。教学中还应充分照顾学生的求知欲望，培养他们自主探索的意识和方法，教师应该对学生的积极反应给予及时鼓励。

三、教学目标

（一）知识与技能
能直接在方格图上，数出相关图形的面积。
（二）过程与方法
能利用分割、平移的方法，将较复杂的图形转化为简单的图形，并用较简单的方法计算面积。
（三）情感态度与价值观
在解决问题的过程中，体会策略、方法的多样性，提高解决生活中类似问题的意识。

四、教学环境

教学媒体：跨越式网络资源，网络教室，课例软件。

五、板书设计

```
              地毯上的图形面积
            （不规则图形面积的计算）
直接数          有序思考      （4＋4＋10＋6＋6＋8＋8）×2＝92
分割整体—部分    化整为零      （6＋9＋6＋2）×4＝92
旋转、平移       相互关系      14×14－26×4＝92
                              ……
```

六、教学过程

（一）创设情境，提出问题

1. 视频软件演示：智慧酒店快要落成了，工人们正忙于粉刷和装修，让我们先睹为快。瞧，大堂准备放置一块边长为14米的正方形地毯，每个方格的面积是1平方米。请你观察图形有什么特点？

学生独立观察图，说说这块正方形地毯是怎样的。

2. 你能用学过的知识求出地毯上蓝色部分的面积吗？

学生先想出解决问题的办法，然后在小组内交流。

设计意图：在现实生活中，经常会接触到各种各样的图案，这些图案的基本特点是不规则的，利用信息技术创设与生活相关的问题情境，提出问题，开门见山，揭示课题，明确学习内容。

（二）解决问题，梳理方法

1. 根据回答，PPT简单演示学生初步提出的想法：

（1）数出蓝色方格的数量，再求出蓝色部分的面积。

认真观察，想一想怎样数比较快？

（2）把整块地毯分割成大小一样的几块图案，先求出其中一份蓝色部分的面积，再求出蓝色部分一共的面积。

（3）根据整块地毯和蓝色部分、白色部分的关系进行计算。

（4）其他方法。

2. 如何准确计算出蓝色部分的面积。

（1）你用什么方法能又对又快地数出蓝色方格的数量？

$$（4＋4＋10＋6＋6＋8＋8）×2＝92$$

学生根据自己的理解，选择喜欢的方法列出算式。

（2）你想到如何分割吗？可以用割补法吗？软件辅助演示。

$(6+9+6+2) \times 4 = 92$

学生可以通过观看课件的演示进行计算或验证。(信息技术既作为学习的工具,又作为学习的资源)

(3) 想出整体和部分的关系没有?如何计算白色部分的面积。

$14 \times 14 - 26 \times 4 = 92$

学生操作计算,交流汇报,集体订正。

3. 小结方法,比较哪种比较简便。

(1) 通过刚才的计算,你认为哪种方法比较简便呢?为了更好地说明问题,让我们一起走近智慧酒店。

(2) 说说为什么你认为这种方法比较简便。

学生讨论、争议。(通过学生的争议,产生第二次的思维碰撞)

设计意图:利用信息技术演示学生初步提出的想法,产生第一次的思维碰撞,为下面的学习作铺垫。在解决问题的过程中,渗透面积计算的策略和方法,为学生后续的学习与解决问题产生积极的影响。让学生充分地体验计算方法的多样性,通过学生间的互相交流,让学生明白,计算不规则图形面积的大小,方法是多样的。

(3) 系列训练,应用拓展

① 智慧酒店除了大堂宽敞明亮,外墙更是别具匠心。看!有许多独特的图案,你喜欢哪种?请算出它的面积。(用PPT展示以下图片)

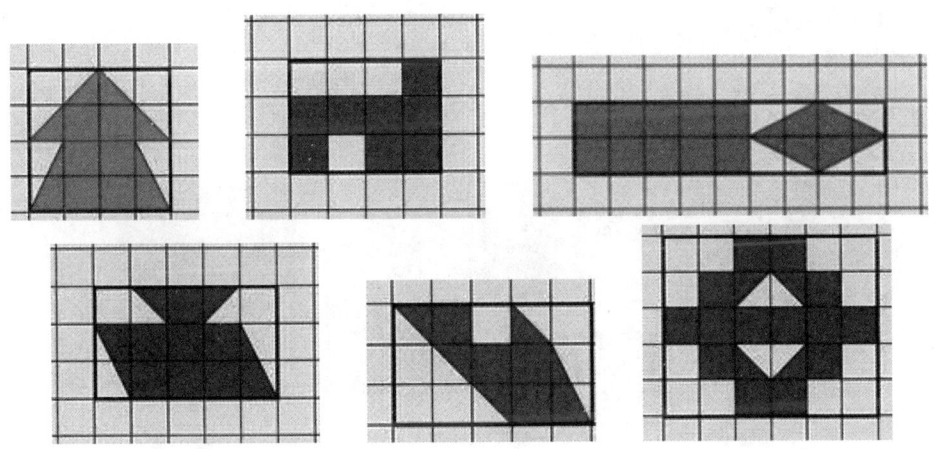

先指名说说前两题,你准备怎么算,独立电脑操作,尝试独立思考,先交流准备怎样算,再独立计算出来。

请学生介绍自己想出的方法。

② (继续用PPT展示)用来装修宴会厅的大理石运来了,请同学们仔细观察,想一想怎样算它们的面积比较简便?

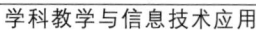

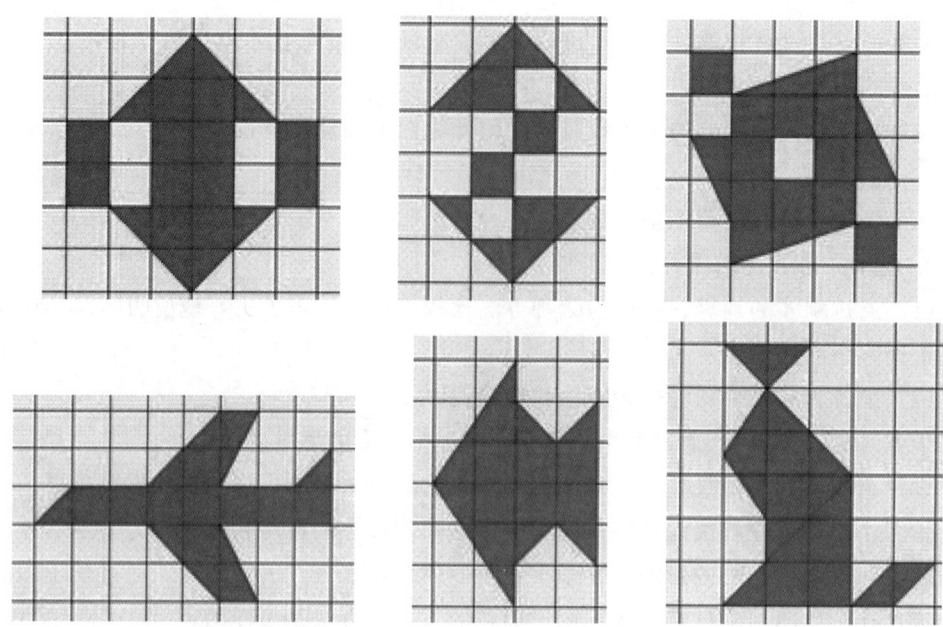

同学们算出来了吗？还有没有不同的方法？

学生尝试独立操作电脑完成，在小组内交流你的发现，然后全班交流。

选择两个有代表性的解答。

③ 独立练习。

你喜欢哪种？请算出它的面积？

（说说你是用哪种方法来算的？）

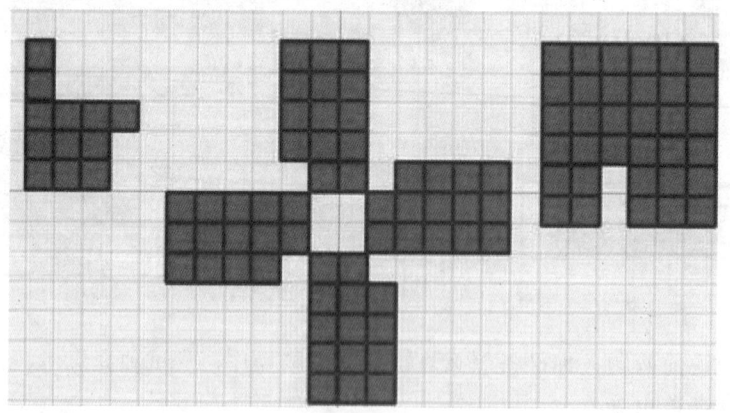

先想一想怎样算它们的面积比较简便,再进行计算,并且用这两种方法来验算是否正确。

④ 你能围绕今天的学习内容帮智慧酒店设计壁画吗,并请同桌的同学算出它的面积,提出问题吗?(××部分的面积是多少?)

动手来创作

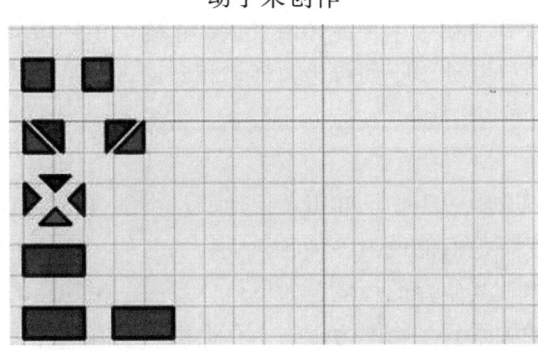

设计意图:提供丰富现实的题材,体会数学与生活的密切联系。通过图形辨析,发展学生分析问题、解决问题的能力,通过练习了解学生综合运用知识的能力和对知识的掌握情况,及时给予辅助和指导。透过开放的练习,让部分学生在知识的海洋里翱翔,落实创新精神和实践能力的培养。

(四)总结评价,表扬鼓励

总结:在刚才紧凑的学习活动中,同学们想出了很多种计算方法:有的是直接通过数方格的方法得出图案的面积;有的是根据图案的特点,将整体的图案分割为若干个相同面积的小图案,通过求小图案的面积,得出整个图案的面积,这是将图案进行"化整为零"式的计算;还有的是采用"大面积减小面积"的方法;……

在解决问题的过程中,我们要大胆尝试,灵活多样地解答并验证。

学生上 BBS 留言,自评本节课的表现。

设计意图:引导学生通过对所学内容的总结与反思,学会条理化和系统化。通过信息技术交流的作用,通过网上 BBS 交流和自我评价,使学生及时反思交流并得到充分的情感体验,进而更有效地促进学生的后继学习。

案例三 《生物圈》教学设计

一、教材分析

义务教育课程标准实验教科书（人教版）生物七年级上册第一单元：《生物圈》。人和其他生物都生活在生物圈中，生物圈为生物的生存提供了基本条件。生物的生存、延续和发展与生物圈息息相关，生物圈是所有生物的共同家园。这个单元的教学内容，旨在使学生认识到"家"中有很多成员，它们相互依存、相互影响，处在动态变化之中。随着人类社会的发展，人类活动对生物圈的影响越来越大，保护和改善环境是人类的迫切愿望，加强环境教育，使初中生提高环境意识，正确认识环境问题的现状，学习解决环境问题的知识和观念，并使学生的行为与环境相和谐，这是时代和社会发展的需要。

二、学情分析

七年级学生虽然没有学过生物学知识，但他们从小学《自然》课及电视节目中已了解了许多生物学的知识，他们能说出各种各样生物的名称、地球上哪些地方有生物生存等，但没有构成"生物和其生存的环境"的整体体系——生物圈的概念，不知道生物和生存环境是相互依存的关系，生物圈为生物生存提供了基本条件。

七年级学生心理和认知发展的规律要求在教学中充分调动他们的激情，他们不喜欢枯燥的说教，但乐于观察、分析图片，自己动手做实验等能表现他们的活力。

七年级的学生不喜欢、不满足简单的教材里的图画、文字，他们喜欢讲自己熟悉的人或事。布置贴近学生生活的作业，为他们提供一个适合个性发展的空间，更能激发、培养他们的创造性。

三、教学目标

（一）知识与技能

1. 描述生物圈的范围；
2. 说出生物圈为生物的生存提供的基本条件；
3. 尝试搜集和分析资料；
4. 认同生物圈是所有生物共同的家园，我们应当了解和爱护这个家。

（二）过程与方法

1. 使学生初步具有搜集、处理图文资料，运用观察、分析、比较等方法解决生物学问题的能力；
2. 会组织语言表达自己的观点，提高学生的口头表达能力；
3. 培养学生合作讨论问题，提高探究学习的能力。

(三) 情感态度与价值观

1. 使学生认识到自己是生物圈这个家庭中的一员，应该积极、主动认识并保护这个家；

2. 培养学生相互合作的精神，学会尊重和理解他人发表的见解。

四、教学环境

教学媒体：Midea－Class，多媒体教室。

五、教学过程

(一) 创设问题情境，引导学生思考、讨论、导入课题

1. 播放歌曲《大中国》，教师和学生齐唱。

2. 歌中唱到：我们都有一个家，名字叫"中国"，同时我们全世界人民还生活在一个比中国还大的家，教师引导学生回答这个家的名字。

3. 比喻：地球——足球

生物圈（地球的表层）——一张薄纸

既然如此，你想了解这个家吗？

4. 引入课题：生物圈。

设计意图：歌曲的带动，可以使学生在一种轻松而又好奇的氛围中愉快地进入角色，开始本课的学习。

(二) 学生通过讨论、角色扮演等实践活动，学习新知

1. 生物圈的范围。

(1) 说一说：地球上哪些地方有生物。

证一证：阅读教材第11、12页"生物圈的范围"，看看科学家的观点是否与自己的观点相同。

给学生自由发言的空间和时间，让学生主动参与学习活动，培养学生良好的学习习惯。

提出问题：通过验证，哪些同学的观点和科学家的一样，一起交流一下，可以吗？

引导学生概括出：以海平面为标准划分，向上可达到约10千米的高度，向下可深入约10千米的深处，整个厚度约为20千米。

提出问题：在这个20千米的厚度中，可以把生物圈划分为几个圈层呢？

(2) 角色扮演：全班学生分成三大组，每组代表一个生物圈层进行讨论，并做汇报表演。

让学生自由组合成小组进行交流活动（一般前后四个学生，方便易行），利用角色扮演，调动学生学习的主动性和积极性，使学生处于学习的主体地位。学生在扮演过程中，既掌握知识，发展能力，还会对情感态度与价值观的养成有极大帮助，有利于学生合作学习的精神和语言表达能力的提高。

表演结束，学生概括出：

生物圈的范围 $\begin{cases} 大气圈的底部 \\ 水圈的大部 \\ 岩石圈的表面 \end{cases}$

（3）由此介绍：水圈、大气圈和岩石圈是截然分开的吗？

让学生自己先猜想，再举例说明，有利于培养学生主动探索、勇于想象的科学精神。

结论：不是。

（4）设疑：为什么生物圈中有生物，其他地方没有呢？

2. 生物圈为生物的生存提供了基本条件。

（1）讨论：将学生分成 6 大组（确定 1 人为组长，及时、准确地记录该小组成员的活动情况，以作学期成绩参考），引导学生带着问题观察、比较教材第 12、13 页的 6 幅图片。

讨论题：

① 向日葵生长需要什么条件？长颈鹿的生活需要什么？

② 向日葵和仙人掌、牛和海豚的生存条件有什么异同？

③ 为什么干旱会使粮食严重减产？

（2）汇报结果：以组间竞赛形式，每组推选一名代表，说出该组讨论的结果，其他组成员和教师作评委，对各组的作答给予适时、恰当的评价。

设计意图：通过小组学习和小组间的竞争学习，调动学生学习的积极性，并注重学生间的相互评价方式和应用。

（3）小结：

讨论 1：向日葵的生长需要阳光、空气、水、土壤和肥料；

长颈鹿的生活需要食物、水、空气、阳光和温度。

讨论 2：向日葵生活在土壤中，土壤中有水分；

仙人掌生活在沙漠中，土壤中缺水；

牛生活在陆地上，而海豚生活在海洋里。

讨论 3：因为植物的生长需要水，没有水，植物就不能正常生长，所以干旱会使粮食减产。

（4）质疑：

① 地球上其他的生物生存也需要这些条件吗？

引导学生举例说明：地球上其他的生物生存也需要这些条件。

接下来用 PPT 展示学生搜集的多种资料，有文字的、有图片的……

② 如何获得和分析这些资料？

引导学生回忆，并结合教材第 12 页红框中的内容，利用校园网搜集并分析资料后小结：

搜集途径 { 图书馆查阅报刊 / 拜访有关人士 / 上网搜集

资料形式：文字、图片、数据、音像资料等。

对资料处理：整理并分析，从中寻找问题的答案，或发现探索的线索。

(5) 小结：所有生物生存需要的基本条件都是一样的，这些条件包括营养物质、阳光、空气、水、适宜的温度、一定的生存空间。

(6) 知识迁移：任举一种熟悉的生物，它的生存也必须具备这些条件吗？

设计意图：给学生自由想象的空间和时间，体现了学生的主体地位，调动了学生的学习热情。

3. 总结。

(1) 通过本节课的学习，有关"生物圈"的知识，你知道哪些？

引导学生回忆，总结本节所学的知识点。

(2) 让学生设计一道题，尽量把这节课的主要内容都包括进去（提示：可以用表格的形式）。

有人设计了这样的题目：下列条件是该生物生存所必需的填"＋"，否则填"－"。（学生争着回答）

生物	阳光	空气	水	营养物质	陆地	海洋	干旱缺水的荒漠	相对湿润的环境
月季花								
牛								
鲨鱼								
仙人掌								

(3) 通过本节课的学习，有关"生物圈"的知识你还想知道哪些？

我想知道生物圈为生物的生存提供的这些条件一旦改变或不足时，对生物有没有影响，生活在这个生物圈中的生物会不会对生物圈造成影响。

设计意图：改变传统的教学方式，始终以学生为主体，突出学生的主体地位。通过学生小结本节的主要知识及学习活动，养成"学习——总结——学习"的学习习惯，发挥自我评价的作用，并培养学生的语言表达能力。让学生大胆创新，改变以往教师考学生的方式，学生自己设计题目考自己，在提高创新能力的同时，也使所学知识得到了巩固。培养学生虚心提问，学无止境的意识，并为下节课或以后的学习做铺垫。

4. 巩固练习。

(1) 你会填吗？

生物圈的范围 { _____的底部 / _____的大部 / _____的表面

(2) 我来试一试。

我们在养花的过程中，经常给花松土、施肥、浇水、放在阳光下，天气冷了，还要把花搬到屋里，而且一般一个花盆只栽一种植物，这体现了生物生存所需的基本条件，与上述顺序相对应，分别是（　　）。

①阳光；②水；③空气；④营养物质；⑤适宜的温度；⑥一定的生存空间

A. ①④⑥⑤②③ B. ③④②①⑤⑥

C. ②①⑤⑥③④ D. ⑤②①④⑥③

(3) 课后想一想。

生物在生物圈内生存需要一定的条件，如果条件改变或不能满足时，生物是否还能很好地生存？如果不能，请搜集资料说明你的观点。

设计意图：用"STS"的教学模式，将所学的内容紧密结合生活实际，体会生物学习在生活中的应用，培养学生虚心提问，学无止境的意识，并为下节课或以后的学习做铺垫。

案例四 《开启化学之门》教学设计

一、教材分析

初三化学是一门起始学科,第一章《开启化学之门》更是这门学科的开篇。本章第一节《化学给我们带来什么》,目的在于为学生打开化学的大门,看到化学与人类生活和社会发展的关系,从而认识学习化学的意义,并由此激发学生学习化学的兴趣。

二、学情分析

这是学生们接触化学的第一课,学生会带着一堆生活中常见的问题开启新知识的学习,因此,要通过这样一节导入课,培养学生学好化学的兴趣和自信心。

三、教学目标

(一) 知识与技能

初步了解化学对促进科学技术发展的作用。知道化学在新能源、生命科学、材料科学等方面作出的重要贡献。

(二) 过程与方法

初步体验实验是认识物质、学习化学的一种重要方式和手段。

(三) 情感态度与价值观

知道为什么要学习化学,认识到学习化学的重要性,体验化学之美,增强学好化学的信心和使命感。

四、教学环境

教学媒体: Midea-Class,多媒体教学网。

教学用品: 酚酞溶液、氢氧化钠溶液、滤纸、毛笔、碳酸氢铵固体、大试管、药匙、带导管的单孔橡皮塞、烧杯、澄清石灰水、酒精灯、铁架台(带铁夹)、含硫火柴、烧杯(2只)、高锰酸钾溶液、玻璃、有机玻璃、聚苯乙烯(牙刷柄)、聚酯(饮料瓶)等材料,水槽、小刀、水、酒精灯、坩埚钳、火柴。

五、教学过程

(一) 精心导入,激发兴趣

【新课引入】自我介绍;"白纸显字"——化学

今天我要提前带大家开启化学之门,让我们一起进入神奇的化学世界,看看什么是化学?化学究竟给我们带来了什么?

【板书】第一节　化学给我们带来了什么

设计意图：通过"小魔术"引出今天的课题，吸引了学生的眼球，感觉化学很神奇，立刻激发了学生主动参与课堂的积极性。

（二）开展活动，保持兴趣

【讲解】先简单介绍古代化学成就，然后以小明的一家在日常生活中遇到的化学常识或问题为例，如妈妈炒菜、爸爸抽烟、奶奶迷信、爷爷管理仓库等揭示现代生活中处处离不开化学。

设计意图：化学来源于生产生活，而初中化学中更有很多内容是与其相关联的。通过情境创设，引导学生从一些司空见惯的事物、现象中发现问题，使他们真切感受到身边物质的化学性质及其变化，充分认识到化学对人类生产生活的影响无处不在。

爷爷在保存化肥的时候遇到了这样一个问题：

【观察与思考】到底是谁动了我的化肥？

【实验1】加热碳酸氢铵（实验改进：用大试管装碳酸氢铵，固定在铁架台上，用酒精灯进行加热，气体用澄清石灰水进行吸收并检验）。

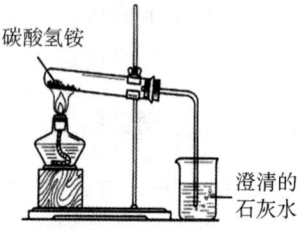

实验现象：试管中白色固体减少，内壁有水雾出现，澄清石灰水变浑浊，有刺激性气味气体产生。

结论：碳酸氢铵受热分解生成氨气、水和二氧化碳。

【提问】你能解释小仓库的秘密吗？如果你是管理员，在保存化肥"碳酸氢铵"时需要注意些什么呢？

设计意图：到底谁动了我的化肥？为了激起学生探究知识的欲望，创设了学生比较熟悉的柯南破案情境。本实验虽然是演示实验，但可以让学生初步体会到科学探究的一般流程，即发现问题——提出猜想——实验探究——得出结论——应用实际。因为用蒸发皿加热碳酸氢铵时会产生有刺激性气味的氨气，会影响教室内的空气质量，所以将该实验装置进行以上改进。改良后的实验装置不但可以让全班学生清楚地看见白色固体明显减少，而且可以用澄清石灰水来检验并吸收所产生的气体。

【过渡】只有了解了化肥这种物质的性质后，我们才可以正确地使用它们，减少不必要的损失。化学就是研究物质的一门科学，它能够帮助我们正确地认识物质。

【过渡】如何才能正确地认识物质呢？通过实验，实验是认识的有效途径。

【活动与探究】探究四种材料的性质。先阅读实验要求，然后以小组为单位完成实验，并进行展示与交流。

设计意图：这个实验的主要目的是要学生体会到实验是学习化学、认识物质最有效的方法。教师要在指导学生进行探究学习的同时构建有利于学生进行沟通与合作的良好空间，使学生学会交流与分享，从而形成并发展学生的团队精神。在初中化学教学中，教师不仅要教学生"学会"化学知识，更重要的是要教学生"会学"化学知识，给人以"鱼"不如授人以"渔"。因此，从一开始教师就要有意识地提供和创设一些让学生主动学习的机会，使学生处于学习的主体地位，养成认真读书和独立思考的学习习惯。

【过渡】通过实验认识这四种材料的不同性质，只有真正认识了物质，人类才能更好地利用物质，利用这些资源。

【板书】二、化学指导人类合理利用资源

【讲解】如钢铁资源，如果人类不能合理地利用钢铁资源，就会导致钢铁生锈，用一组数据来展示钢铁生锈造成巨大的损失，从而让学生感受到保护钢铁资源刻不容缓。首先就要知道钢铁为什么会生锈？

布置家庭小实验，铁钉生锈条件的探究实验，如下图所示：

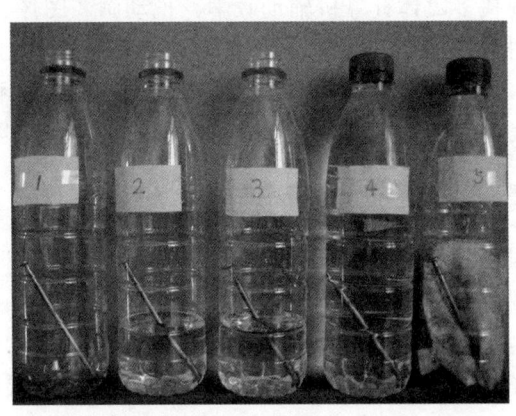

设计意图：教材上的实验是铁丝与饱和食盐水反应，但反应速度较慢，实验现象不是很明显。另外考虑到本节课面向的初二学生还没有学过气压的知识，对于水柱上升这一现象的理解是有困难的，所以决定放弃这个实验。换成铁钉生锈的探究，并且把它作为家庭小实验，让课堂教学延伸到课外。用生活中容易得到的物品替代专门的化学仪器，让学生感受到在家中也能完成化学实验，让成功的喜悦激发学生获取更多化学知识的强烈欲望。本来这部分内容在《钢铁的防护和回收》教学中也是需要进行探究的，这正好为以后的学习做好铺垫。

【过渡】如果不合理利用资源，除了会带来一些损失，还会给人类带来一些危害，如环境问题、二氧化硫引起的酸雨等。

【观察与思考】实验：含硫火柴的燃烧

现象：有刺激性气味，振荡烧杯，烧杯中红色高锰酸钾溶液褪色。

【过渡】通过这个实验，同学们有什么启发呢？

【学生】1.用化学方法对二氧化硫的含量进行检测；2.可以用化学方法吸收空气中的二氧化硫，减少酸雨的形成；3.用无硫火柴（或者打火机）代替这种含硫火柴……

【过渡】所以化学带给我们什么呀？清洁的环境、解决污染的方法……，为了天更蓝、水更清，化学家们也在不断地努力着。

设计意图：污染是人类目前面临的严重的社会问题之一，要让学生明白污染是由于人类不合理利用资源造成的，而化学能给我们带来解决污染的有效方法，让学生体会到化学在防治环境污染方面起到的重要作用。

三、发挥智慧，巩固兴趣

【讲述】通过直观的视频、图片、文字介绍讲述化学促进了科学技术的发展：

新能源（太阳能汽车、氢能源汽车、风能汽车）的开发解决了资源枯竭的问题；

新药物（青霉素）的发明促进了生命科学的发展；

新材料（硅晶体、纳米材料等）的发现推动了产业技术的革命。

【板书】三、化学促进了科学技术的发展

设计意图：应用现代多媒体计算机辅助教学，把动画、图像、立体声融合起来，真正做到"图文并茂"，把学生带入轻松愉悦的境界，从而收到良好效果。另外，所选择的内容紧跟时代发展，如苹果手机、电脑、新能源汽车等高新技术，都是现在的学生所关注的，能够再次引发学生的情感高潮，使学习化学的兴趣进一步巩固。

四、巧设结尾，提高兴趣

【讨论】对于"化学给我们带来了什么"这个问题现在你有没有新的认识呢？你希望化学能够帮助你实现什么愿望吗？

学生讨论后回答。

【结束语】同学们的愿望都很美好，但要实现这些愿望就需要同学们认真学习化学，同学们想不想学习化学，有没有兴趣学习化学呢，有没有信心学好化学？

设计意图：点明主题，前后呼应，再次认识学习化学的重要性，并对化学产生更多美好的憧憬。

案例五 《力的认识》教学设计

一、教材分析

本节内容选自人教版《初中物理》第七章第一节《力的认识》，这是学习力学的第一课，在小学科学课和生活中学生对力已经有了一些认识和生活经验，本节课将在此基础上对力做一些系统的认识。

二、学情分析

物理是一门以观察、实验为基础的学科，观察和实验是物理学的重要研究方法。学生在学习物理的时候表现出的兴趣特点大致可分为：

（1）对物理学习只有知觉层面的兴趣；
（2）对物理学习有操作性兴趣；
（3）对物理学习具有探究因果联系的兴趣；
（4）具有概括认识的兴趣。

学生们能注意到把所学的物理知识与日常生活、生产中的现象联系起来，学生通过独立思考、探索，不断地提高自己的观察、判断、思维等能力。

三、教学目标

（一）知识与技能
1. 知道力的概念和力的单位。
2. 知道力的三要素，能用力的示意图表示力。

（二）过程与方法
1. 通过网上浏览和生活经验感受力的作用效果。
2. 了解物体间力的作用是相互的，并能解释有关现象。

（三）情感态度与价值观
1. 在观察体验过程中，培养学生的科学态度。
2. 从力的三要素表示的事例中认识科学方法的价值。

四、教学环境

教学媒体：Midea－Class，多媒体教学网。
教具准备：小车、磁铁、钢球、铁钉、弹簧、钢尺、橡皮泥、气球、橡皮筋等。

五、教学过程

（一）情景导入

游戏引入：在讲课之前，请同学们做一个掰腕的游戏，看看谁的力气大。我们为胜利的同学鼓掌。失败的同学也不要气馁，学了今天的知识后，老师相信，你一定能够反败为胜。今天，我们一起走进力学世界。（学生同桌一组，进行游戏）

设计意图：通过一个游戏的导入，激发学生的热情，以积极饱满的态度投入到新课的学习中。

（二）探究新知

1. 力的作用效果

（1）力可以改变物体的形状。

（2）力可以改变物体的运动状态：

① 由静止变为运动；

② 由运动变为静止；

③ 运动的方向和快慢发生改变。

请同学们打开网站，阅读学习目标。

请同学们浏览网站上《助学园地》栏目，并对喜欢的内容用自己的话，描述其反映的物理现象。

想想做做：请同学们用实验桌上提供的器材：小车、磁铁、钢球大头针、弹簧、橡皮泥、气球、乒乓球、钢尺等，对某个物体施力，看力作用在物体上可产生哪些效果？

教师指导学生完成实验，让学生自由回答。

归纳总结力的作用效果。

设计意图：利用网络给出学生学习目标，通过阅读，使学生明白该节课主要学习什么。

在《助学天地》中，学生们会看到不同的图片，这部分图片均来自教师自己的拍摄，让学生知道物理知识是与生活紧密相连的。

学生自由回答，检查学生的探索情况。

学生实验：

（1）用力拉弹簧、弯钢尺、压气球，观察现象。

（2）用力推小车，磁铁靠近大头针或小钢球，观察运动情况。

（3）拉弹簧、压皮球等实践活动做一做，使学生亲身体会力的存在。

根据实验，让学生体验并试述力的作用效果。

设计意图：培养学生根据物理现象总结物理规律的能力。

2.（1）力的概念

（2）力的单位：牛顿（N），引导学生分析：

① 在力的作用过程中，有几个物体。

② 如果一个物体是受力物体，一个物体是施力物体，你认为哪个是受力物体，通过学生直观实验，进行理性分析，解决抽象问题。

教师解释：为了纪念著名的英国物理学家牛顿，我们把力的单位叫做牛顿，简称"牛"，用字母"N"来表示，理解1N的含义。

3．力的三要素

力的大小、方向、作用点。

（1）过渡语：我们知道了力的作用效果，那么有哪些因素影响力的作用效果呢？请同学们猜想一下。

（2）教师有选择地板书总结：我们把力的大小、方向、作用点叫做力的三要素。

（3）设疑：那么，我们身边又有哪些例子是力的三要素不同，其作用效果就不同呢？

（4）前后呼应：在上课前，老师说在掰腕游戏中失败的同学，也能反败为胜，你现在有办法了吗？我们再试一下。学生讨论猜想。学生浏览后，思考回答；学生举例。

学生再次游戏，体验作用点不同，作用效果不同。

4．力的示意图

用一个带箭头的线段表示力：线段的长短表示力的大小，箭头的方向表示力的方向，线段起点和终点表示力的作用点。

（1）教师指导：强化作示意图的方法。

（2）学生板演：作力的示意图是力学的重点，在这里由学生自主搜索，并结合一些实物分析，然后进行训练。

5．力的作用是相互的

（1）过渡语：刚才学了这么多的知识是不是很紧张呀，我们一起听首歌轻松一下，会唱的同学，大家一起唱。

（2）设疑：同学们在拍手（跺脚）时有什么感觉？

（3）提问：根据你们的感受我们能得到一个什么样的结论？

（4）提出问题：生活中有哪些类似的例子呢？

回答：一个物体对别的物体施力时，也同时受到后者对它的作用力，也就是说，"物体间力的作用是相互的"。

学生讨论、交流。

学生回答使学生在玩中学习物理，使课堂气氛达到高潮。

让学生感受生活中的物理。

（三）交流小结

知识小结：本节课你有何体会？

本节课你最感兴趣、印象最深的是什么？

检测一下我们掌握了本节课的知识没有。学生自由回答和指定回答相结合。练习题难易程度不同，适合不同层次的学生。既让A\B类学生吃饱，也让C类学生吃好。

参 考 文 献

[1] 祝智庭，钟志贤. 现代教育技术：促进多元智能发展［M］. 上海：华东师范大学出版社，2003.

[2] 王以宁. 教师教育技术：从理论到实践［M］. 北京：北京大学出版社，2010.

[3] 何克抗. 教学系统设计. 北京：高等教育出版社，2006.

[4] 赵虎. 信息技术课堂导入艺术［J］. 中国信息技术教育，2011（18）.

[5] 中华人民共和国教育部. 中小学教师信息技术应用能力标准（试行）［S］，2014.

[6] 中华人民共和国教育部. 中小学教师信息技术应用能力培训课程标准（试行）［S］，2014.

[7] 朱莲英. 多媒体在中学化学教学中的应用与探讨［D］. 武汉：西北师范大学，2004.

[8] 李连凤. 有效应用学习资源的策略及其研究［D］. 武汉：华中师范大学，2012.

[9] 陈迪. 互动媒体支撑下的课堂教学研究［D］. 武汉：华中师范大学，2012.

[10] 高子林. 学习设计背景下数学学习资源的选择策略［J］. 教育科学研究，2008（7）.

[11] 黄德海. 浅谈计算机辅助化学教学的应用［J］. 中国电化教育，2004（1）.

[12] 中华人民共和国教育部. 中小学教师信息技术应用能力标准（试行）［S］，2014.

[13] 中华人民共和国教育部. 中小学教师信息技术应用能力培训课程标准（试行）［S］，2014.

[14] 钟元翔. 谈中小学教学中信息技术的运用［J］. 中小学电教，2013（12）.

[15] 胡庆芳. 创新课堂复习教学的实践策略研究［J］. 思想理论教育，2012（2）.

[16] 黄瓅，王涛涛. 基于Internet的化学学习模式与化学网络资源的利用［J］. 大学化学，2003（3）.

[17] 陈萌. 交互白板在中学课堂教学中的应用研究［D］. 成都：四川师范大学，2012.

[18] 王纳新. 交互式电子白板在中学教学中的应用现状及对策研究［D］. 陕西师范大学，2013.

[19] 李淑立，牛晋丽，苏亚玲. 思维导图在PPT制作中的应用［J］. 软件导刊，2014，13（1）.

[20] 赵国庆. 概念图、思维导图教学应用若干重要问题的探讨［J］. 电化教育研

究，2012（5）.

［21］王艺晓. 信息技术在中小学教学中的应用现状及对策分析［J］. 电脑与电信，2012（4）.

［22］李启波. 思维导图在中小学学习过程中的应用研究［J］. 教学实践研究，2013（10）.

［23］张敏. 利用思维导图提高学生学习效率的探索［J］. 中国医学教育技术，2010（4）.

［24］张喜琴. 概念图的理论及其教与学的工具价值［J］. 教学与管理，2007（1）.

［25］徐明. 基于数字化教学资源的小学课堂教学研究［D］. 南京师范大学，2006.

［26］刘洪涛. 人机交互的多媒体课件的开发［J］. 辽宁师专学报，2011（12）.

［27］洪巧红. 多媒体技术在高校教学与中小学教学中的比较研究［J］. 中国教育信息化，2007（8）.

［28］李园. 构建师范生专业技能成长电子档案袋［J］. 中国电化教育，2011（2）.

［29］江彬，邱立中. 科学认识档案袋评价［J］. 上海教育研究，2003（11）.

［30］马晓云. 应用博客实施数字化档案袋评价的实践探索［J］. 远程教育杂志，2006（2）.

［31］黄光国. 正确认识和科学使用档案袋的方法［J］. 课程·教材·教法，2003（2）.

［32］康建琴. 档案袋评价在教育中的应用［J］. 山西档案，2005（6）.

［33］张安超. 量规在影视艺术课程教学评价中的研究［J］. 科技信息，2009.

［34］许黎黎. 基于量规的在线作业评价系统的设计与开发［D］. 上海：华东师范大学，2010.

［35］鲁利瑞·坎贝尔. 多元智能教与学的策略［M］. 北京：高等教育出版社，2001.

［36］李霞，杨传斌. 对 Webquest 评价环节的一些探讨［J］. 现代远距离教育，2004（4）.

［37］何向阳，祁玉娟. 概念图的评价研究［J］. 软件导刊，2009（3）.

［38］苏丽丽. 基于概念图的教学评价［J］. 教学管理，2008（8）.

［39］董锦华，王骏. 观察法在教育教学中的有效实践［J］. 中国西部科技，2010（10）.

［40］王贵元. 建构主义学习理论和多元智力理论对高中化学教学的启示［J］. 科技信息（科学·教研），2008（4）.

［41］加依，柯蕾. 建构主义学习设计［M］. 北京：中国轻工业出版社，2008.

［42］何克抗，等. 教学系统设计［M］. 北京：北京师范大学出版社，2002.

［43］张志强. 浅议多媒体数学教学［J］. 晋东南师范专科学校学报，2004（10）.

［44］王宝大，等. 导入技能 结束技能［M］. 北京：人民教育出版社，2001.

［45］巴班斯基. 论教学过程最优化［M］. 吴文侃，等译. 北京：教育科学出版社，2001.

［46］叶澜，等. 教师角色与教师发展新探［M］. 北京：教育科学出版社，2001.

［47］张志雯. 浅谈多媒体数学教学的心理分析［J］. 时代教育（教育教学），2001（3）.

［48］冯忠良等. 教育心理学［M］. 北京：人民教育出版社，2000.

［49］（捷）夸美纽斯. 大教学论［M］. 傅任敢译. 北京：教育科学出版社，1999.

［50］张春兴. 教育心理学［M］. 苏州：浙江教育出版社，1998.

［51］林钦. 多媒体物理教学资源建设与实践效果研究［J］. 南宁：广西教育出版社，2005.

［52］许建辉. 课堂导入技巧探微［J］. 语文教学与研究，2007（14）.

［53］穆肃. 基于学科教学的教学资源库的设计和应用［J］. 中国电化教育，2002（11）.

［54］龚大洁，马纲. 现代教育技术在"动物学"教学中的实践与探索［J］. 电化教育研究，2005（6）.

［55］李燕临. 信息技术与媒体制作及应用系列课程整合的探索［J］. 电化教育研究，2005（3）.

［56］付文雯，王磊. 谈教学导入的创新策略［J］. 陶瓷研究与职业教育，2007（2）.